HEYNE KOCHBÜCHER

ILSE FROIDL

WEIHNACHTS-BÄCKEREI

Über 350 traditionelle Rezepte aus aller Welt

Originalausgabe

WILHELM HEYNE VERLAG
MÜNCHEN

HEYNE KOCHBUCH
07/4613

18. Auflage
(1. Auflage der überarbeiteten Neuausgabe)
Copyright © 1972 und 1990
by Wilhelm Heyne Verlag GmbH & Co. KG, München
Printed in Germany 1990
Umschlaggestaltung: Atelier Ingrid Schütz, München
Umschlagfoto: Fotostudio Pete Eising, München
Innenfotos: Gruner + Jahr, Hamburg
Satz: Schaber, Wels
Druck und Bindung: Ebner Ulm

ISBN 3-453-04387-1

INHALT

Abkürzungen und Erläuterungen:

EL   = Eßlöffel
TL   = Teelöffel
Msp = Messerspitze
1 Tasse = normale Teetasse mit $\frac{1}{8}$ l Inhalt

Wir backen zu Weihnachten

Wie der Adventskranz mit seinen vier Lichtern, wie die lieben, altvertrauten Advents- und Weihnachtslieder, wie Schnee und Dunkelheit gehört auch die weihnachtliche Bäckerei zur Vorweihnachtszeit. Süßer Honigduft, der durch die festverschlossene Küchentür dringt, von einem Versteck zum anderen geschleppte Blechdosen, die von den übrigen Familienmitgliedern mit viel Scharfsinn jedesmal rasch wieder aufgefunden und geleert werden, schokoladen- und teigverschmierte Kindermünder sind feste Bestandteile dieses Teils der Weihnachtsvorbereitungen. Mag die Hausfrau sich auch manchmal darüber ärgern — Hetze und Hitze, Ärger und Schimpfen sind vergessen, wenn sich dann am Heiligen Abend die Springerle und Spekulatius, die Zimtsterne und Mozartkugeln auf dem bunten Teller häufen — stolze Zeugen ihrer Backkunst. Und in der Tat, der Spaß am weihnachtlichen Backen hat trotz des vermehrten Angebots der Industrie bis heute nicht abgenommen, im Gegenteil: Backen ist wieder modern! Denn einmal ist es zweifellos, vor allem in größeren Familien, billiger, selbst zu backen; zum anderen aber bieten die moderne Küche mit Küchenmaschine und Mixquirl, Elektroherd mit genauer Einstellung und die Industrie mit vorgefertigten Zutaten — Tiefkühlkost, geschnittenen Mandeln und Nüssen usw. — so viele Erleichterungen, daß das Backen zu einem vergnüglichen Hobby werden kann.

Viele unserer Weihnachtsbackwerke sind uralt, sie reichen bis in heidnisch-graue Vorzeiten. Die Gebildbrote, die man in der Antike, bei den alten Ägyptern und auch bei den Germanen backte, symbolisierten Tiere oder magische Figuren, um Böses abzuwenden oder Gutes anzulocken. Die christliche Kirche deutete die halbvergessenen Gebilde in christliches Gedankengut um: Aus den Schimmelreitern und Wotanfiguren der Springerle und Spekulatius wurde der heilige Nikolaus, die Brezeln wurden zu Symbolen der Freundschaft und der christlichen Liebe, die in Teig geschnittenen Tiere bekamen eine scherzhafte Bedeutung. So konnten sich die uralten Rezepte ungestört über Jahrhunderte hinweg vererben.

Backratschläge

✿ Die in den Rezepten angegebene Butter kann fast immer durch eine gute Margarine ersetzt werden.

✿ Zum Belegen des Bleches, für jedes Gebäck geeignet, ist Back-Trennpapier zu empfehlen: kein Einfetten mehr, kein Reinigen mehr, kein Anhaften des Gebäckes. Es kann auch mehrmals verwendet werden.

✿ Alle Zutaten genau abwiegen, bevor man mit dem Backen beginnt.

✿ Rosinen und Sultaninen vor Verwendung trocken in Öl wälzen und in einem trockenen Tuch sauberreiben.

✿ Schaumig rühren heißt: Butter oder Margarine so lange rühren, bis sie weißschaumig ist. Oder: Eier und Zucker schaumig rühren, bis eine weißgelbe Masse entsteht und der Zucker sich aufgelöst hat.

✿ Ist in den Rezepten Backpulver angegeben, dann immer das Backpulver mit dem Mehl vermischen und sieben.

✿ Eier über einer Tasse aufschlagen, um zu prüfen, ob sie gut sind.

✿ Möglichst feinkörnigen Zucker verwenden, da er sich besser und schneller löst.

✿ Bei der Zubereitung des Teiges sich genau nach den allgemeinen Anleitungen richten, die für die betreffende Teigart jeweils am Beginn eines Abschnittes stehen.

✿ Sollte der Teig manchmal zu locker oder zu fest werden, kann es an der Größe der Eier liegen, dann evtl. etwas mehr Mehl bzw. Flüssigkeit zugeben.

✣ Kleingebäck muß, wenn es genügend gebräunt ist, vorsichtig vom Blech gelöst werden, und einzeln nebeneinander auf einen Kuchenrost zum Erkalten gelegt werden. Erst dann gibt man das Gebäck, das knusprig bleiben soll, in Blechdosen. Gebäcke, die vor dem Verzehr noch weich werden sollen, läßt man einige Tage offen an der Luft stehen, bis sie genügend weich sind. Erst dann verschließt man sie in Blechdosen.

✣ Die *Glasuren,* mit denen Sie die Weihnachtsbäckereien überziehen oder bespritzen wollen, bestehen fast ausschließlich aus Zucker, mit Eiweiß oder Wasser und einer Geschmackszutat vermischt. Sie sollen dem Gebäck ein festlicheres Aussehen geben und außerdem noch einen besonderen Geschmack. Der Puderzucker muß trocken sein; wenn er Klümpchen aufweist, schütten Sie ihn auf ein sauberes, trockenes Tuch, legen ein zweites Tuch darüber und rollen den Zucker mit dem Nudelholz fein. Anschließend muß er noch gesiebt werden. Den gesiebten Puderzucker verrühren Sie mit den gewünschten Zugaben und rühren die Masse ganz glatt. Sie darf niemals zu dick sein, sonst erstarrt sie zu schnell, und es ergeben sich beim Aufstreichen Unebenheiten. Aber auch zu dünn darf sie nicht sein, weil sie sonst zu stark abläuft und das Gebäck nicht genügend bedeckt. Kleines Gebäck tauchen Sie am besten in die Glasur oder Sie bestreichen es mit einem Pinsel. Möchten Sie zwischen Gebäck und Glasur noch Marmelade streichen, so geben Sie diese auf das noch heiße Gebäck, lassen es etwas auskühlen und gießen dann die heiße oder auch kalte Glasur darüber. Die verschiedenen Glasuren finden Sie auf Seite 305 ff.

Lebkuchen, Pfefferkuchen und Honiggebäck

Sie gehören zu den ältesten, bekanntesten und beliebtesten Weihnachtsbäckereien. Es handelt sich meist um Zelten, also fladenförmige Backwerke aus Honig, der bis vor ca. 400 Jahren im ganzen Abendland statt Zucker zum Süßen verwendet wurde, vielfach mit Roggenmehl, denn feingemahlenes Weizenmehl war rar und teuer. Wichtiger Bestandteil waren Gewürze aller Art, die das Mittelalter über alles liebte. Vor allem Pfeffer, der wegen des langen Transportes teuer und kostbar war und als eine Art Statussymbol galt, wurde ziemlich wahllos an alle Speisen gegeben, selbst an süße. Wegen seiner Kostbarkeit wurde sein Name zum Synonym für alle Gewürze, und so kommt es, daß an Pfefferkuchen gar nicht immer Pfeffer gegeben werden muß, dagegen Kardamom und Piment, Nelken und Zimt. Weil sie oft wie kleine runde Laibe geformt waren, wurden die Pfefferkuchen auch »Lebkuchen« genannt. Ihre Rezepte waren vielfach bestgehütete Geheimnisse von Klöstern und Burgköchen, man findet sie überall in Europa unter verschiedenen Namen, vor allem aber zur Weihnachtszeit, weil sie die weihnachtlichen Traditionen am reinsten über die Jahrhunderte hinweg bewahrt haben.
Die bekanntesten Lebkuchenhersteller fand man in Nürnberg, München, Ulm, Köln, Basel und Elbogen, aber auch in Breslau und Thorn. In einem Münchner Steuerverzeichnis aus dem Jahr 1370 findet sich schon ein Lebzelter aufgeführt, etwa 100 Jahre später erhielt dieses Gewerbe eine Zunftordnung. Die größten Lebküchnereien allerdings gab und gibt es in Nürnberg, das für seinen Honig seit eh und je berühmt war. Kaiser Karl IV. hat schon die Zeidlerwiesen im Reichswald rings um die Stadt als »des Kaisers Reichsbienengarten« bezeichnet. Die Lebküchner-

zunft achtete streng darauf, daß nur gutes Material verwendet wurde, und daran hat sich bis heute nichts geändert.

In München vor allem war es früher üblich, Lebkuchen in verschiedenen Formen auszustechen und mit bunter Zuckermalerei zu verzieren, während die echten runden oder eckigen Nürnberger Lebkuchen nur mit einer Mandel oder einem Stückchen Zitronat belegt wurden.

Nürnberger Lebkuchen
(Originalrezept)

①	*4 Eier · 500 g Zucker*
	je 10 g Zimt, Nelken und Kardamom
	1 Msp Pfeffer · 50 g würfelig geschnittenes Zitronat
	1 TL Hirschhornsalz, aufgelöst mit 2 EL feinem Likör
	500 g Mehl

Eier und Zucker eine Stunde schaumig rühren, die vorbereiteten Gewürze, das aufgelöste Hirschhornsalz und das Mehl unterrühren. Den Teig gut auf dem Brett verkneten, er muß fest und glatt sein. Große Plätzchen — wie Elisenlebkuchen — ausstechen, auf ein gefettetes Backblech legen, über Nacht stehenlassen und am anderen Tag im vorgeheizten Rohr backen.

Backhitze: 150 Grad · *Backzeit:* ca. 25 Minuten

②

4 Eiweiß · 250 g Puderzucker
je 50 g feingeschnittenes Orangeat und Zitronat
125 g geschälte, geriebene und 125 g geschälte, gestiftelte Mandeln
je 1 Msp Zimt und Nelken · kleine runde Oblaten
ZUM VERZIEREN:
kleine geschnittene Sternchen aus Zitronat und halbierte Mandeln

Eiweiß und Zucker eine halbe Stunde rühren, die übrigen Zutaten untermischen und von der Masse kleine Häufchen auf Oblaten setzen. Im vorgeheizten Rohr leicht backen.

Backhitze: 120 Grad · *Backzeit:* ca. 30 Minuten

③

280 g Zucker · 5 Eier getrennt · je 3 g Zimt und Nelken
Saft von ½ Zitrone · 140 g feingemahlene Mandeln
140 g geschälte, gestiftelte Mandeln
50 g feinnudelig geschnittenes Zitronat
25 g feingehacktes Orangeat · 50 g erweichte Schokolade
je 70 g Weizen- und Kartoffelmehl
mittelgroße runde Oblaten
ZUM VERZIEREN:
geschnittenes Zitronat und Orangat

Zucker und Eigelb eine halbe Stunde schaumig schlagen, Gewürze und Geschmackszutaten dazugeben, ebenso das Mehl und zum Schluß den Eischnee unterziehen. Die Masse fingerdick auf Oblaten streichen, beliebig verzieren und backen.

Backhitze: 180 Grad · *Backzeit:* ca. 25 Minuten

Anmerkung: Bei Verwendung eines elektrischen Handrührgerätes verringert sich die Schlagezeit auf 5–10 Minuten.

Nürnberger weiße Lebkuchen

①	300 g Zucker · 3 Eiweiß
	1 Ei · 50 g feingeschnittenes Zitronat
	30 g feingeschnittenes Orangeat
	280 g geschälte, gemahlene Mandeln
	Gewürz nach Geschmack · große runde Oblaten
	ZUM VERZIEREN:
	geschälte halbe Mandeln

Zucker, Eiweiß und Ei eine Stunde schaumig rühren, danach die übrigen Zutaten und Gewürze untermischen. Den Teig daumenhoch auf Oblaten streichen, auf jeden Kuchen einen Stern von halbierten Mandeln legen, etwas Zucker über die Lebkuchen streuen und im vorgeheizten Rohr leicht backen. Die Lebkuchen müssen weiß bleiben.

Backhitze: 120 Grad · *Backzeit:* ca. 20 Minuten

②	500 g Zucker · 2 Eier · 3 Eier getrennt
	125 g geschälte, in Streifen geschnittene Mandeln
	20 g Zimt · 8 g Nelken
	je 60 g feingeschnittenes Zitronat und Orangeat
	Saft und abgeriebene Schale von 1 Zitrone · 2 Msp Pottasche
	Mehl nach Bedarf · große runde Oblaten

Den Zucker mit 2 Eiern und 3 Eigelb sehr schaumig rühren, alle anderen Zutaten — Pottasche in wenig Wasser auflösen — untermischen, zum Schluß den steifen Eischnee von 3 Eiweiß und soviel Mehl unterheben, daß eine streichfähige Masse entsteht.

Diese auf die Oblaten streichen, leicht mit etwas Puderzucker bestreuen und backen.

Backhitze: 150 Grad · *Backzeit:* ca. 25 Minuten

Nürnberger Lebkuchen

175 g Honig oder Sirup · 50 g Zucker
50 g Butter oder 2 EL Öl · 2 EL Wasser · 1 Eigelb
abgeriebene Schale von ½ Zitrone · 1 EL Kakao · 1 TL Zimt
1 Msp Nelkenpulver · 1 Msp Kardamom · 250 g Mehl
3 gestrichene TL Backpulver · 150 g gemahlene Mandeln oder geriebene Haselnüsse
50 g in kleine Würfel geschnittenes Zitronat
50 g gehackte Korinthen
Zum Guss:
125 g gesiebten Puderzucker mit 1 Eiweiß und einigen Tropfen Wasser gut verrühren
Zum Bestreuen:
geschälte Mandeln oder kleine Zitronatstückchen

Honig, Zucker, Butter oder Öl und Wasser auf dem Herd langsam zerlassen, in eine Schüssel geben und kalt stellen. Noch lauwarm Eigelb, Zitronenschale, Kakao, Gewürze und ⅔ des mit dem Backpulver gemischten Mehles zugeben. Dann die Mandeln oder Nüsse, Zitronat und Korinthen einrühren und zum Schluß das restliche Mehl. Auf dem bemehlten Brett einen glatten Teig kneten, nicht ganz 1 cm dick ausrollen, runde oder eckige Formen ausstechen, auf ein gut gefettetes Backblech legen und im vorgeheizten Rohr backen. Nach dem Backen mit dünner Zuckerglasur bestreichen und mit geschälten, halbierten Mandeln oder Zitronatsternchen verzieren.

Backhitze: 180 Grad · *Backzeit:* ca. 20 Minuten

Braune Nürnberger Pfefferkuchen

280 g Zucker · 5 Eier, getrennt · 1 TL Zimt
½ TL Nelkenpulver · 1 Msp Kardamom
Saft und abgeriebene Schale von ½ Zitrone
70 g erweichte Blockschokolade
je 40 g feingehacktes Zitronat und Orangeat
140 g feingestiftelte Mandeln · 140 g feingeriebene Mandeln
70 g Weizenmehl · 70 g Stärkemehl · runde, große Oblaten
ZUM VERZIEREN:
geschälte, halbierte Mandeln

Zucker und Eigelb sehr schaumig schlagen, die anderen Zutaten nach und nach untermischen und den steifen Eischnee unterheben. Die Masse fingerdick auf die Oblaten streichen, mit ½ Mandel verzieren und im vorgeheizten Rohr langsam backen.

Backhitze: 180 Grad · *Backzeit:* ca. 20 Minuten

Ingwer–Haselnuß–Brot (Rezept S. 187)

Nürnberger Pfefferkuchen

280 g Puderzucker · 4 Eier, getrennt · 1 TL Zimt
1 Msp Nelkenpulver · 1 Msp weißer Pfeffer
Saft und abgeriebene Schale von ½ Orange
abgeriebene Schale von ½ Zitrone · 140 g gemahlene Mandeln
140 g geschälte, in feine Blättchen geschnittene Mandeln
140 g in kleine Würfel geschnittenes Zitronat
70 g Weizenmehl · 70 g Stärkemehl
runde Oblaten von ca. 8 cm Durchmesser
ZUM BELEGEN:
geschälte, halbierte Mandeln
ZUM GUSS:
50 g gesiebten Puderzucker mit etwas Orangensaft glattrühren

Puderzucker mit den Eigelb sehr schaumig rühren, dann die Gewürze, Orangensaft, Orangen- und Zitronenschale, Mandeln und Zitronat untermischen, zum Schluß Mehl und Stärkemehl und die steifgeschlagenen Eiweiß gleichzeitig unterziehen. Die Masse fingerdick auf die Oblaten streichen, mit einer geschälten, halbierten Mandeln verzieren und im vorgeheizten Rohr langsam backen. Noch warm mit Orangenguß überziehen.

Backhitze: 170 Grad · *Backzeit:* ca. 25 Minuten

Nürnberger Braune Plätzchen
oder Gewürzplätzchen

---

500 g Honig · ¼ l Wasser · 500 g Mehl

Honig und Wasser aufkochen, Mehl einrühren und diesen Teig 14 Tage im Keller ruhen lassen. Am Tag des Gebrauches stellt man ihn in ein heißes Wasserbad, damit er sich leichter verarbeiten läßt. Inzwischen bereitet man einen zweiten Teig:

---

500 g Farinzucker · 3 Eier

---

je 250 g feingewiegtes Zitronat und Orangeat

---

150 g Semmelbrösel · 1 TL Zimt

---

1 Msp Nelkenpulver · 1 Msp Kardamom · 750 g Mehl

---

1 Päckchen Backpulver

Eier mit Farinzucker schaumig rühren, Zitronat, Orangeat, Semmelbrösel, alle Gewürze und einen Teil des mit dem Backpulver gemischten Mehles dazugeben. Dann auf dem Brett das übrige Mehl und den Honigteig zugeben, tüchtig abkneten. Den Teig auswalzen und runde Plätzchen ausstechen, mit Wasser bestreichen und zu schöner Farbe backen.

Backhitze: 200 Grad · *Backzeit:* ca. 15 Minuten

Das ›*Nürnberger Allerlei*‹ wird ebenso hergestellt, nur sticht man mit verschiedenen Formen aus und bestreicht mit dicker Zuckerglasur, die man teilweise rosa (Himbeersirup) färbt. Es ist — wie jedes Honiggebäck — zuerst hart, wird aber nach kurzer Lagerzeit weich.

Weiße, einfache Lebkuchen

4 Eier · 500 g Zucker
60 g gemahlene Mandeln
je 60 g feingeschnittenes Zitronat und Orangeat
2 gestrichene TL Zimt · ½ TL Nelkenpulver
1 Msp Muskat · ½ TL Pottasche · 500 g Mehl
ZUR GLASUR:
200 g gesiebter Puderzucker mit 4 EL heißem Wasser glattgerührt

Eier und Zucker sehr schaumig rühren, nach und nach die übrigen Zutaten einrühren und auf dem Brett das Mehl einarbeiten. Den Teig ½ Stunde ruhen lassen. Danach ½ cm dick ausrollen, mit einem feuchten Messer Lebkuchen von 4 cm Breite und 7 cm Länge ausschneiden und auf ein gefettetes, bemehltes Blech legen. Über Nacht trocknen lassen und dann in das vorgeheizte Rohr stellen. Nach dem Backen mit Wasserglasur überziehen.

Backhitze: 150 Grad · *Backzeit:* ca. 35 Minuten

Weiße, feine Lebkuchen

8 Eier · 500 g Zucker · 2 g Hirschhornsalz
2 gestrichene TL Zimt · ½ TL Nelkenpulver
1 Msp Kardamom · abgeriebene Schale von 1 Zitrone
je 60 g feingeschnittenes Zitronat und Orangeat
375 g geschälte, blättrig geschnittene, auf einem Blech hellgelb geröstete Mandeln
300 g Mehl · 100 g Stärkemehl
12 rechteckige Oblaten

Eier und Zucker zu einer dicklichen Schaummasse schlagen. Der Reihe nach die angegebenen Zutaten untermischen. Auf einer Oblate die Probe machen, ob der Teig nicht abfließt. Wenn er fließt, noch etwas Mehl in den Teig einarbeiten. Dann den Teig auf die Oblaten streichen und im vorgeheizten Rohr backen. Die fertigen Lebkuchen noch warm in 3 Teile schneiden.

Backhitze: 140 Grad · *Backzeit:* ca. 45 Minuten

Mandellebkuchen

500 g Honig · 200 g in etwas Wasser aufgelöster Zucker
250 g gemahlene Mandeln · 2 gestrichene TL Zimt
je 1 Msp Nelken und Muskat · 2–3 EL Rum
600 g Mehl · 1 Päckchen Backpulver
ZUM ÜBERZIEHEN:
Zucker- oder Zitronenglasur (siehe Seite 305, 306)

Den Honig mit dem aufgelösten Zucker einmal aufkochen, vom Herd nehmen und überkühlen lassen. Danach alle Zutaten beigeben und den Teig gut durcharbeiten. Den Teig 24 Stunden kühl stellen, dann kleinfingerdick ausrollen, eckige oder runde Lebkuchen ausstechen und auf einem gefetteten Blech im vorgeheizten Rohr backen. Erkaltet mit beliebiger Glasur überziehen.

Backhitze: 180 Grad · *Backzeit:* ca. 20 Minuten

Die beliebten *Nürnberger Elisenlebkuchen* können Sie auf verschiedene Art herstellen.

Elisenlebkuchen mit Haselnüssen

80 g Butter · 150 g Zucker
1 Päckchen Vanillezucker · 2 Eier · 1 TL Kakao · 1 TL Zimt
je 1 Msp Nelken, Piment (Neugewürz und Kardamom)
abgeriebene Schale von 1 Zitrone
je 100 g kleingeschnittenes Zitronat und Orangeat
100 g geschackte Rosinen · 200 g geriebene Haselnüsse
etwa $\frac{1}{8}$ l Milch · 250 g Mehl · 1 Päckchen Backpulver
ZUM BACKEN:
Oblaten von etwa 6 cm Durchmesser
ZUR GLASUR:
1 Rezept Rumglasur (siehe Seite 307)
Streuzucker (Buntzucker)

Aus Butter, Zucker, Vanillezucker und den Eiern eine Schaummasse abrühren, Gewürze, alle Geschmackszutaten und dann abwechselnd die Milch sowie das mit dem Backpulver vermischte Mehl dazugeben. Die Masse $\frac{1}{2}$ cm hoch auf die Oblaten streichen und im vorgeheizten Rohr backen. Noch warm werden die Elisenlebkuchen mit angewärmter Rumglasur überzogen und mit Buntzucker bestreut.

Backhitze: 150—160 Grad · *Backzeit:* ca. 30 Minuten

Elisenlebkuchen mit Mandeln

4 Eier · 400 g Zucker · 1 Päckchen Vanillezucker

2 TL Zimt · ½ TL gemahlene Nelken · 1 Msp Muskat

abgeriebene Schale von je ½ Zitrone und Orange

150 g sehr kleingeschnittenes Zitronat oder Orangeat
(auch halb und halb)

1 TL Rum · 400–450 g gemahlene Mandeln (die Mandelmenge
hängt von der Größe der Eier ab) · ½ TL Backpulver

Backoblaten, etwa 6 cm Durchmesser

HELLER GUSS (für das halbe Rezept):

150 g gesiebter Puderzucker, mit 1–2 EL heißem Wasser
glattgerührt

DUNKLER GUSS (für das halbe Rezept):

100 g Puderzucker, mit 2 EL Kakao sieben und
mit 2 EL heißem Wasser glattrühren, dann 10 g zerlassenes,
heißes Palmin unterrühren

Die Eier mit dem Zucker und Vanillezucker sehr schaumig schlagen. Es muß eine dicke, cremeartige Masse entstehen. Gewürze, Geschmackszutaten und die Hälfte der Mandeln mit dem Backpulver vermischt daruntergeben. Von der 2. Hälfte der Mandeln so viel dazugeben, daß eine streichfähige Masse entsteht. Davon auf die Mitte jeder Oblate einen gehäuften TL setzen und mit einem in Wasser getauchten Messer nach der Mitte etwas höher aufstreichen. Lebkuchen auf ein Blech legen und in das vorgeheizte Rohr stellen. Die fertigen Lebkuchen teils mit heller, teils mit dunkler Glasur überziehen.

Backhitze: 150 Grad · *Backzeit:* ca. 30 Minuten

Schokoladenlebkuchen

4 Eiweiß · 300 g Zucker
250 g geschälte, geriebene Mandeln
60 g feingewiegtes Zitronat · 60 g geriebene Schokolade
50 g Mehl, vermischt mit ½ TL Backpulver
mittelgroße Oblaten
ZUM ÜBERZIEHEN:
1 Rezept Schokoladenglasur (siehe Seite 305)
ZUM VERZIEREN:
bunter Zucker

Die Eiweiß sehr steif schlagen, Zucker beigeben und ¼ Stunde rühren. Nach und nach die übrigen Zutaten und das mit dem Backpulver vermischte Mehl dazurühren. Diese Masse kleinfingerdick auf die Oblaten streichen, über Nacht stehenlassen und am anderen Tag in das vorgeheizte Rohr stellen. Erkaltet glasieren und mit Buntzucker bestreuen.

Backhitze: 120 Grad · *Backzeit:* ca. 20 Minuten

Haselnußlebkuchen

4 Eier · 280 g Zucker · 1 Päckchen Vanillezucker
1 Msp Zimt · 1 Prise Nelkenpulver · 1 EL Stärkemehl
300 g geriebene Haselnüsse · mittelgroße runde Oblaten

Aus Eiern, Zucker, Vanillezucker eine Schaummasse rühren, Gewürze, Stärkemehl und zum Schluß die Haselnüsse beigeben. Kleinfingerdick auf Oblaten streichen, 2 Stunden ruhen lassen und dann in das vorgeheizte Rohr schieben.

Backhitze: 150 Grad · *Backzeit:* ca. 25 Minuten

Lebkuchenherzen

---

100 g Puderzucker · 1 Päckchen Vanillezucker

2 Eier · 180 g Honig · je 50 g gehackte Rosinen und Orangeat

abgeriebene Schale von 1 Zitrone · 1 knapper TL Zimt

1 Msp Nelkenpulver · 300 g Mehl · 2 TL Backpulver

ZUM ÜBERZIEHEN:

1 Rezept Schokoladenglasur (siehe Seite 305)

Puder-, Vanillezucker und Eier schaumig rühren, dann den Honig, die Geschmackszutaten und Gewürze beigeben, am Schluß das mit dem Backpulver vermischte Mehl gut einarbeiten. Den Teig über Nacht an einem kühlen Ort ruhen lassen. Am anderen Tag kleinfingerdick ausrollen, Herzen ausstechen und auf einem gefetteten Blech im vorgeheizten Rohr hell backen. Erkaltet mit Schokoladenglasur überziehen.

Backhitze: 180 Grad · *Backzeit:* ca. 15 Minuten

Gefüllter Pfefferkuchen

---

450 g Honig oder Sirup · 2 TL Zimt

---

1 TL Anis · ½ TL Nelkenpulver

---

abgeriebene Schale von je ½ Zitrone und Orange

---

1 Ei · 1 Eigelb · 200 g Zucker

---

6 EL Milch · je 60 g feingehacktes Zitronat und Orangeat

---

500 g Roggenmehl · 250 g Weizenmehl

1½ Päckchen Backpulver

ZUM FÜLLEN:

---

geriebene Nüsse, vermengt mit Zucker und Rum
oder verschiedenes, ganz fein geschnittenes, getrocknetes Obst
mit Rum und Zucker vermischt oder dickes Pflaumenmus

ZUM GUSS:

---

1 Rezept Zitronenglasur (siehe Seite 306)

Den Honig oder Sirup erwärmen und alle Gewürze einrühren. Ei, Eigelb und Zucker sehr schaumig rühren und unter den lauwarmen Honig mischen. Dann die Milch, Zitronat und Orangeat sowie das mit dem Backpulver vermischte, gesiebte Roggenmehl einrühren und die Masse auf dem Brett mit dem restlichen Mehl sehr gut durcharbeiten. Den Teig fingerdick ausrollen, runde Plätzchen von etwa 6 cm Durchmesser ausstechen, auf ein gut gefettetes Blech legen und im vorgeheizten Rohr backen. Erkaltet von den Plätzchen Deckel abschneiden, Fülle dazwischenstreichen und die Pfefferkuchen mit Zitronenglasur überziehen.

Backhitze: 200 Grad · *Backzeit:* ca. 20 Minuten

Gefüllte Lebkuchenwürfel

½ Dose Kondensmilch (10 %) · 100 g Zucker
½ Päckchen Vanillezucker · 80 g Butter
150 g geriebener Zwieback · 150 g gemahlene Mandeln
2 Eier · 1 gestrichener TL Zimt
je 1 Msp Nelkenpulver, Kardamom und Muskat
½ TL in 1 EL Wasser aufgelöstes Hirschhornsalz · 250 g Mehl
ZUM FÜLLEN:
2—3 EL Johannisbeergelee
ZUM ÜBERZIEHEN:
2 Tafeln weiße Schokolade · etwas Wasser · 1 EL Rum
ZUM BESTREUEN:
bunter Zucker

Milch, Zucker, Vanillezucker und Butter auf dem Herd unter Rühren langsam erhitzen, bis sich der Zucker aufgelöst hat, dann etwas abkühlen lassen. Die übrigen Zutaten in der angegebenen Reihenfolge einrühren, den Teig gut durchkneten und 20 Minuten kalt stellen. Danach auf einem gefetteten, mit Mehl bestäubten Blech etwa 1 cm dick ausrollen und im vorgeheizten Rohr langsam backen. Noch warm in 3 cm große Würfel schneiden. Die erkalteten Würfel quer durchschneiden, mit etwas Gelee bestreichen, wieder zusammensetzen und mit Glasur überziehen, mit Buntzucker bestreuen.

Für die Glasur die weiße Schokolade in Stücke brechen, mit etwas heißem Wasser auf dem Herd zerlaufen lassen und mit dem Rum glattrühren. Die Würfel mit einem Pinsel mit der Glasur bestreichen.

Backhitze: 200 Grad · *Backzeit:* ca. 20 Minuten

Sehr bekannt sind die *Thorner Lebkuchen.* Ihnen wurde schon im Jahre 1557 ein landesherrliches Privilegium zugeteilt. Sie wurden früher in dem Kloster der heiligen Katharina hergestellt, unter dem Namen »Kathrinchen«, und in Hungerszeiten von den Nonnen an die arme Bevölkerung verteilt.

Thorner Kathrinchen

250 g Honig · 50 g Zucker · 50 g Butter
½ TL Zimt · je 1 Msp Nelkenpulver und Ingwer · 1 Eigelb
250 g Weizenmehl · 100 g Stärkemehl · 1 TL Pottasche
ZUM BESTREICHEN:
etwas lauwarmes Wasser

Honig, Zucker und Butter bis zum Kochpunkt erhitzen, vom Feuer nehmen, die Gewürze einrühren und die Masse abkühlen lassen. Eigelb und Mehl sowie aufgelöste Pottasche beigeben und den Teig gut durcharbeiten. 1 Stunde zugedeckt warm stehenlassen, damit er weich bleibt, 3 mm dick ausrollen, mit einer Kathrinchenform ausstechen und auf ein gefettetes, bemehltes Blech in genügendem Abstand legen. Mit lauwarmem Wasser bestreichen und im vorgeheizten Rohr backen.

Backhitze: 200 Grad · *Backzeit:* ca. 20 Minuten

Man kann dieses Gebäck auch noch mit ½ TL Koriander würzen. Thorner Kathrinchenformen gleichen größeren Löffelbiskuitformen. Man kann den Teig natürlich auch in lange Streifen schneiden.

Thorner Honigkuchen
(Originalrezept)

2 Eier · 2 Eigelb · 120 g Zucker · 250 g Honig
300 g Mehl · 1 Päckchen Backpulver
abgeriebene Schale von 1 Zitrone
etwas Zimt- und Nelkengewürz
50 g kleinwürfelig geschnittenes Zitronat
50 g geschälte, gehackte Mandeln
ZUR GLASUR:
100 g Puderzucker · 1 Eiweiß · Saft von ½ Zitrone alles ½ Stunde rühren
ZUM VERZIEREN:
einige geschälte, halbierte Mandeln

Eier, Eigelb und Zucker sehr schaumig rühren. Honig, Gewürze Geschmackszutaten beigeben und zum Schluß das mit dem Backpulver vermischte Mehl einarbeiten. Ein gut gefettetes Backblech mit Mehl bestäuben, die Masse darauf verteilen und glattstreichen. Im vorgeheizten Rohr backen, stürzen, gleich mit Zuckerglasur überziehen (am besten mit einem breiten Messer, das man vorher in Wasser getaucht hat), in gleichmäßige, 4 cm große Quadrate schneiden und die Honigkuchen mit je einer halben Mandel verzieren.

Backhitze: 180 Grad · *Backzeit:* 25 Minuten

Baseler Leckerli

(Foto Seite 229)

500 g Honig · 300 g Zucker
300 g ungeschälte, grobgehackte Mandeln
70 g feingeschnittenes Zitronat · ½ TL Zimt
¼ TL Nelkenpulver · ¹⁄₁₆ l Rum · 500 g Mehl
ZUM GUSS:
½ Rezept Rumglasur (siehe Seite 307)

Honig und Zucker zum Kochen bringen, die Mandeln hineingeben und 2—3 Minuten mitkochen lassen. Schnell vom Feuer nehmen, die Gewürze, Zitronat und Mehl rasch einrühren und die
Masse auf ein reichlich mit Mehl bestreutes Brett geben. Gut
durchkneten, wenn nötig, noch etwas Mehl einarbeiten, den Teig
¾ cm dick ausrollen, auf ein gut gefettetes, mit Mehl bestäubtes
Blech legen und im vorgeheizten Rohr backen. Noch heiß in 2 cm
breite und 6 cm lange Stücke schneiden und mit Rumglasur überziehen.

Backhitze: 180 Grad · *Backzeit:* ca. 20 Minuten

Ein beliebtes Weihnachtsgebäck sind die berühmten *Aachener Printen*. Sie haben ihren Namen von den ursprünglich zu ihrer Herstellung verwendeten Ton- oder Kupfermodeln, mit denen man die Lebkuchen drucken — niederdeutsch und angelsächsisch »print« — konnte.

Aachener Printen

500 g Rübensirup · 200 g Farinzucker · 12 g Zimt
15 g Anis · 9 g Nelkenpulver · 1 Msp Kardamom
7 g Hirschhornsalz, in etwas Wasser aufgelöst · 750 g Mehl
ZUM BESTREICHEN:
etwas Milch
ZUM BESTREUEN:
Hagelzucker

Sirup und Zucker aufkochen, die Gewürze zugeben, vom Feuer nehmen und handwarm unter das Mehl rühren. Das aufgelöste Hirschhornsalz einarbeiten, den Teig nochmals gut durchkneten und über Nacht ruhen lassen. Danach ½ cm dick ausrollen, in etwa 2 cm breite und 10 cm lange Streifen schneiden. Diese auf ein gefettetes, bemehltes Blech legen, mit Milch bestreichen, mit Hagelzucker bestreuen und im vorgeheizten Rohr backen.

Backhitze: 190 Grad · *Backzeit:* ca. 15 Minuten

Nußprinten

250 g Honig · 250 g Zucker · 60 g Butter · 1 Eigelb
25 g feingehackte Haselnüsse oder Mandeln
30 g kleingeschnittenes Orangeat · 1 TL Zimt
je 1 Msp Nelkenpulver, Kardamom und Ingwer
50 g Mehl · 1 Päckchen Backpulver
ZUM ÜBERZIEHEN:
1 Rezept Schokoladenglasur (siehe Seite 305)

Honig, Zucker und Butter zergehen lassen, kalt stellen, dann Eigelb, Nüsse oder Mandeln, Orangeat, Gewürze beigeben und zum Schluß das mit dem Backpulver vermischte Mehl gut einarbeiten. Den Teig ½ cm dick ausrollen, in etwa 2 cm breite und 10 cm lange Streifen schneiden und auf einem gefetteten, bemehlten Blech im vorgeheizten Rohr backen. Nach dem Erkalten mit Schokoladenglasur überziehen.

Backhitze: 200 Grad · *Backzeit:* ca. 15 Minuten

Rheinische Spitzkuchen

250 g Zucker · 3 Eier · abgeriebene Schale von ½ Zitrone
1 gestrichener TL Zimt · ¼ TL Kardamom
1 Msp Backpulver · je 30 g feingehacktes Zitronat und Orangeat
250 g Mehl · 3 gestrichene TL Backpulver
ZUM GUSS:
1 Rezept Schokoladenglasur (siehe Seite 305)

Zucker und Eier sehr schaumig rühren, Gewürze, Zitronat und Orangeat beigeben und zum Schluß das mit dem Backpulver vermischte Mehl. Den Teig über Nacht kalt stellen, dann zu 2 cm dicken Rollen in der Länge des Backbleches formen (das Blech muß gut gefettet sein), etwas flach drücken und im vorgeheizten Rohr backen. Nach dem Erkalten in kleine Dreiecke schneiden und mit Schokoladenguß überziehen.

Backhitze: 180 Grad · *Backzeit:* 30 Minuten

Holsteiner weiße Lebkuchen
(Besonders fein)

①	¹⁄₃ l Rosenwasser (Apotheke) · 1 kg Zucker
	10 g Zimt · 5 g Kardamom
	abgeriebene Schale von 1 Zitrone · 180 g Butter · 1¹⁄₄ kg Mehl
	¹⁄₂ TL aufgelöstes Hirschhornsalz
	GLASUR:
	nach Belieben

Rosenwasser und Zucker aufkochen, vom Feuer nehmen, Gewürze und Butter darunterrühren. Wenn die Masse handwarm ist, in das Mehl gießen, gut durcharbeiten und zum Schluß noch das Hirschhornsalz einarbeiten. Den fertigen Teig über Nacht in einem warmen Raum stehenlassen. Anderntags mit noch etwas Mehl durchkneten, 10 Minuten ruhen lassen und danach ¹⁄₂ cm dick ausrollen. Beliebig ausstechen, auf ein gefettetes Blech legen und backen. Die Lebkuchen müssen weiß bleiben. Nach dem Erkalten mit beliebiger Glasur beziehen.

Backhitze: 180 Grad · *Backzeit:* ca. 25 Minuten

Holsteiner braune Lebkuchen

② 1 kg Sirup · 80 g Butter · abgeriebene Schale von 1 Zitrone
je etwas Zimt, Nelken, Ingwer und Kardamom
50 g feinstgeschnittenes Orangeat · 1 kg Mehl
25 g Pottasche in etwas Rum aufgelöst
ZUM VERZIEREN:
einige geschälte, halbierte Mandeln · feingeschnittenes Zitronat

In den heißen Sirup Gewürze und Butter einrühren. Wenn die Masse handwarm ist in das Mehl gießen und den Teig gut glattrühren. Die aufgelöste Pottasche über den ausgekühlten Teig geben und 24 Stunden in einem warmen Raum zugedeckt stehenlassen. Danach sehr gut durchkneten und nach Bedarf noch etwas Mehl dazugeben. Der Teig darf nicht am Brett kleben. 10 Minuten ruhen lassen, ½ cm dick ausrollen, beliebig ausstechen, mit etwas Ei bestreichen, verzieren und backen.

Backhitze: 180 Grad · *Backzeit:* ca. 30 Minuten

1 kg Sirup · 1 kg Zucker · 250 g Butter
abgeriebene Schale von 1 Zitrone
je 15 g Zimt, Ingwer, Kardamom · 8 g Nelken
50 g feinstgeschnittenes Orangeat
1½ kg Mehl · ½ l kaltes Wasser
35 g in Rum aufgelöste Pottasche

Sirup und Zucker aufkochen, vom Feuer nehmen, die Butter und Gewürze unterrühren. Handwarm in das Mehl gießen, dann das kalte Wasser und die aufgelöste Pottasche zufügen. 2—3 Wochen zugedeckt in einem warmen Raum stehenlassen. Danach sehr gut durcharbeiten und weiter behandeln wie Rezept 1.

v.l.n.r.: *Schoko-Makronen, Schokoschäumchen, Florentiner, Buchweizenkekse*
(Rezepte S. 142, 164, 255, 124)

Bunte Lebzelten

60 g Butter · 140 g Zucker · 1 Ei · 30 g geriebene Mandeln

140 g Mehl · je 1 Msp Zimt und Nelken

abgeriebene Schale von 1 Zitrone

ZUM BESTREICHEN:

1 Eigelb mit etwas Milch verrührt

ZUM VERZIEREN:

bunter Streuzucker · Nüsse oder Mandeln

Butter, Zucker und Ei sehr schaumig rühren, die übrigen Zutaten untermengen und den Teig auf dem Brett gut abarbeiten. Eine Stunde ruhen lassen, dann den Teig zweimesserrückendick ausrollen, beliebig ausstechen, mit Eigelb bestreichen, verzieren und backen. 14 Tage vor Gebrauch herstellen und in Blechdosen aufbewahren.

Backhitze: 200 Grad · *Backzeit:* 15 Minuten

Polnischer Honiglebkuchen

250 g Weizenmehl · 250 g Roggenmehl

10 g Hefe · 2 EL lauwarme Milch · 100 g Zucker

4 Eier, getrennt · 300 g Honig · 1 TL Zimt

½ TL Nelkenpulver · 1 Msp Muskat

abgeriebene Schale von 1 ungespritzten Zitrone

10 g Pottasche

Weizen- und Roggenmehl in eine Schüssel sieben, Hefe mit Milch und etwas Zucker verrühren und in der Mitte des Mehles einen Vorteig ansetzen. Zucker, Eigelb schaumig rühren, den erwärmten Honig, die Gewürze untermischen und mit der Pottasche zu dem Vorteig geben. Alles gut mit dem Mehl verrühren. Den Teig sehr gut abschlagen, den steifgeschlagenen Eischnee unterziehen und alles nochmals abschlagen. Die Masse in eine gefettete, mit Mehl bestäubte Kastenform füllen und in der vorgeheizten Röhre langsam backen.

Backhitze: 180 Grad · *Backzeit:* ca. 60 Minuten

In alten Nürnberger Kochbüchern, die sich in Privatbesitz und in Museen befinden, kann man Rezepte von »*Pfeffernüßchen*« finden, die mit zu den ältesten Weihnachtsbäckereien gehören. Sie werden in Konditoreien und in vielen Familien noch heute hergestellt. Ihren Namen haben sie von den vielen Gewürzen, vor allem dem Pfeffer, der für dieses Gebäck verwendet wird, erhalten.

Pfeffernüsse

500 g Mehl · 3 gestrichene TL Backpulver
300 g Zucker · 2 Eier · 6 EL Milch
je 1 Msp Ingwer, Nelken, Muskat, weißer Pfeffer · 1 TL Zimt
abgeriebene Schale von je ½ Zitrone und Orange
60 g geriebene Mandeln
30 g in sehr kleine Würfel geschnittenes Zitronat
ZUM ÜBERZIEHEN:
200 g gesiebter Puderzucker, mit etwa 2–3 EL heißem Wasser dickflüssig verrührt

Mehl mit dem Backpulver vermischen und auf das Brett sieben. In die Mitte eine Grube drücken, Eier, Zucker, Milch und Gewürze hineingeben und mit einem Teil des Mehles verarbeiten. Dann die restlichen Zutaten darüber verteilen und einen glatten

Teig kneten, 1 cm dick ausrollen, kleine Scheiben — 2 bis 3 cm Durchmesser — ausstechen, auf ein gefettetes Backblech setzen und in der vorgeheizten Röhre backen. Nach dem Erkalten glasieren.

Backhitze: 180 Grad · *Backzeit:* ca. 20 Minuten

Pfeffernüßchen, einfach

250 g Zucker · 2 Eigelb · 1 Ei
30 g feingewiegtes Zitronat · ½ TL Zimt
je 1 große Msp Nelkenpulver und weißer Pfeffer
1 Msp in Rum aufgelöste Pottasche
250 g Mehl

Zucker mit Eigelb und Ei sehr schaumig rühren, Gewürze und aufgelöste Pottasche und zum Schluß das Mehl in die Schaummasse einarbeiten. Den Teig 1 cm dick ausrollen, kleine runde Plätzchen ausstechen und auf ein gut gefettetes oder gewachstes Blech legen. In der vorgeheizten Röhre langsam backen.

Backhitze: 175 Grad · *Backzeit:* ca. 20 Minuten

Pfeffernüßchen mit Honig

180 g Honig · 125 g Zucker
1 Ei · 1 gestrichener TL Zimt · ½ TL Anis
je 1 Msp Nelkenpulver, Kardamom und weißer Pfeffer
375 g Mehl · 3 gestrichene TL Backpulver
ZUM ÜBERZIEHEN:
Zuckerglasur wie bei Pfeffernüssen (siehe Seite 305)

Honig und Zucker auf dem Herd zergehen lassen und zum Auskühlen stellen. Danach Ei und Gewürze sowie das mit dem Backpulver vermischte Mehl einrühren. Auf einem bemehlten Brett eine Rolle im Durchmesser von 2—3 cm formen, Stücke abschneiden und daraus Kugeln formen. Diese auf ein gut gefettetes oder gewachstes Blech setzen und im vorgeheizten Rohr backen. Erkaltet mit Zuckerguß überziehen.

Backhitze: 180 Grad · *Backzeit:* ca. 25 Minuten

Alle Pfeffernüsse muß man erst einige Tage an der Luft stehenlassen und dann in Blechdosen aufbewahren. Sie halten sich sehr lange.

Wiener Pfeffernüsse

1 Eigelb · 180 g Zucker · 3 EL erwärmter Honig
etwas Milch · 60 g geriebene Mandeln
abgeriebene Schale von je ½ Zitrone und Orange
je 1 Msp Zimt, Nelken, Ingwer und Muskat · 250 g Mehl
1 TL Hirschhornsalz, in etwas Wasser aufgelöst
Zum Überziehen:
Eiweiß- oder Zitronenglasur

Eigelb, Zucker, Honig und Milch verrühren, Mandeln und Gewürze beigeben. Das Mehl auf das Brett sieben, eine Grube in die Mitte drücken und die Masse hineingeben. Von da aus dann in das Mehl einarbeiten und zum Schluß das aufgelöste Hirschhornsalz in den Teig kneten. Diesen über Nacht stehenlassen. Danach kleine, nußgroße Kugeln formen, diese auf ein gefettetes, bemehltes Blech setzen und im vorgeheizten Rohr backen. Noch heiß glasieren.

Backhitze: 180 Grad · *Backzeit:* ca. 25 Minuten

Mandellebkuchen

(Foto Seite 71)

---

60 g Zitronat · 60 g Orangeat · 500 g Mandeln (ungeschält)

500 g Puderzucker · 2 Eier und 2 Eiweiß

7 gestrichene TL Zimt · 3 gestrichene TL Nelken, gemahlen

2 Pakete eckige Backoblaten (202 × 122 mm)

ZUR GLASUR:

1 Eiweiß · 3 EL Zitronensaft · 300 g Puderzucker

rote Lebensmittelfarbe · 40 g bunte Zuckerperlen (Nonpareilles)

Zitronat und Orangeat fein hacken. Die Mandeln durch die Mandelmühle drehen. Puderzucker, Eier und Eiweiß mit den Quirlen des Handrührers schaumig rühren. Zitronat, Orangeat, Mandeln, Zimt und Nelken zur Schaummasse geben und alles zu einem Teig verkneten. Über Nacht kalt stellen. Die Arbeitsfläche mit Mehl bestäuben, den Teig etwa 1 cm dick ausrollen. Oblaten dicht an dicht auf die Backbleche legen. Aus dem Teig Herzen und Sterne ausstechen und auf die Oblaten legen. Im vorgeheizten Ofen backen. Mit den Oblaten vom Blech ziehen und auskühlen lassen. Die überstehenden Oblaten abbrechen.

Für die Glasur Eiweiß, Zitronensaft und Puderzucker mit den Quirlen des Handrührers zu einer glatten Masse verrühren. Die Glasur halbieren, die Hälfte mit der Lebensmittelfarbe rosa färben. Die Glasuren mit einem feuchten Tuch zudecken, damit sich keine Kruste bildet. Die Lebkuchen mit weißer und rosa Glasur bestreichen und sofort mit den Zuckerperlen bestreuen.

Backhitze: 175 Grad · *Backzeit:* 10—12 Minuten

Nürnberger Pfeffernüsse

---

200 g Puderzucker · 4 Eigelb

---

200 g gemahlene Mandeln · 70 g Mehl

---

etwas Nelken, Zimt, Pfeffer und Muskat

---

kleine runde Oblaten

ZUM VERZIEREN:

---

halbierte Haselnüsse

Zucker und Eigelb sehr schaumig rühren und die übrigen Zutaten dazugeben. Es muß ein glatter Teig entstehen. Aus diesem kleine, gleichmäßige Kugeln formen, auf Oblaten setzen, je eine halbe Haselnuß eindrücken und im vorgeheizten Rohr backen.

Backhitze: 150 Grad · *Backzeit:* ca. 30 Minuten

Harzer Pfefferkuchen

---

300 g Roggenmehl · 200 g Zucker · 50 g Honig · 2 Eier

---

je 1 Msp Zimt und Nelken · 5 g Natron

ZUM ÜBERZIEHEN:

Schokoladenglasur (siehe Seite 305)

Das Mehl auf ein Brett sieben, die übrigen Zutaten und den lauwarmen Honig daruntermischen und rasch einen Teig arbeiten. ½ cm dick ausrollen, beliebige Formen ausstechen und backen. Erkaltet mit Schokoladenglasur überziehen.

Backhitze: 200 Grad · *Backzeit:* ca. 25 Minuten

Elbogner Pfefferkuchen

30 g Butter · 80 g Zucker · 1 Ei · 150 g Roggenmehl

2 EL Sirup oder Honig · ½ TL Zimt · 1 TL Natron

*Nach Wunsch vor dem Backen mit 80 g gehacktem Orangeat
bestreuen oder nach dem Backen mit einer beliebigen
Glasur überziehen*

Butter, Zucker und Ei schaumig rühren, die übrigen Zutaten untermischen. Die Masse auf ein gefettetes, bemehltes Blech dünn aufstreichen, im vorgeheizten Rohr backen. Noch heiß in beliebig große Stücke schneiden, nach Wunsch glasieren.

Backhitze: 200 Grad · *Backzeit:* ca. 20 Minuten

Orientalisches Honigbrot

4 Eiweiß · 280 g Zucker · 3 EL kochender Honig

etwas gestoßene Vanille

*250 g gehackte Walnüsse, geröstete, gehackte Haselnüsse
oder geschälte, geröstete, gehackte Mandeln*

viereckige Oblaten

Eiweiß und Zucker so lange rühren, bis die Masse dick ist. Dann langsam Honig und Vanille einrühren. Die Walnüsse, Haselnüsse oder Mandeln beigeben und die ganze Masse auf dem Herd so lange rühren — am besten in einer eisernen Pfanne — bis sich die Masse vom Gefäß löst. Auskühlen lassen, fingerhoch auf Oblaten streichen, mit Oblaten abdecken, leicht beschweren und 1 Tag stehenlassen. Danach in passende Stücke schneiden.

Spitzkuchen

180 g Honig · 50 g Zucker · 50 g Butter · 1 Ei
1 EL Kakao · abgeriebene Schale von ½ Zitrone · 1 TL Zimt
1 Msp Nelkenpulver · 60 g abgezogene, gehackte Mandeln
250 g Mehl · 3 gestrichene TL Backpulver
ZUM BESTREICHEN:
2 EL Johannisbeergelee
ZUM ÜBERZIEHEN:
250 g Puderzucker · 30 g Kakao · 4 EL heiße Milch
30 g zerlassenes, heißes Palmin

Honig, Zucker und Butter auf dem Herd langsam zergehen lassen und kalt stellen. In die lauwarme Masse Ei, Kakao und Gewürze rühren, dann die Mandeln und das mit dem Backpulver vermischte Mehl. Alles gut verkneten und den Teig ½ Stunde kalt stellen. Danach 2 cm dicke Rollen in der Länge des gut gefetteten Backbleches formen. Die Rollen nicht zu eng nebeneinander legen und etwas flachdrücken. Im vorgeheizten Rohr hellbraun backen.

Erkalten lassen und in Dreiecke schneiden. Johannisbeergelee etwas erwärmen und damit die Dreiecke bepinseln und mit dem Kakaoguß überziehen. Für den Guß den Puderzucker sieben, mit dem Kakao mischen und der heißen Milch verrühren, die Masse muß dickflüssig sein. Dann erst das heiße Fett einrühren.

Backhitze: 180 Grad · *Backzeit:* ca. 20 Minuten

Moppen – Gewürzplätzchen

300 g Mehl · 250 g Zucker · 2 Eier
je 1 Prise Zimt und Nelkenpulver
10 g Pottasche, in 2 EL Milch aufgelöst
ZUM VERZIEREN:
50 g Haselnüsse

Eier und Zucker schaumig rühren, die übrigen Zutaten daruntermischen. Der Teig muß etwas weich sein. Nicht zu viel Mehl einkneten! Über Nacht ruhen lassen, am anderen Tag den Teig zu einer Rolle formen, gleichmäßige Scheiben abschneiden und diese zu Kugeln drehen. Auf ein gefettetes, mit viel Mehl bestäubtes Blech setzen — nicht zu eng aneinander, weil sie etwas auseinanderlaufen —, jede Kugel etwas flachdrücken und mit einer halben Haselnuß verzieren. In die vorgeheizte Röhre stellen und nach dem Backen etwas abkühlen lassen und vorsichtig vom Blech lösen.

Backhitze: 200 Grad · *Backzeit:* ca. 25 Minuten

Das folgende Rezept ist eine Spezialität aus Schlesien. Es empfiehlt sich, das Gebäck mindestens 14 Tage vor Weihnachten zu backen.

Liegnitzer Bomben

---

400 g Honig · 250 g Zucker · 125 g Butter oder Schweineschmalz

---

3 Eier · abgeriebene Schale von ¼ Zitrone · 1 EL Zimt

---

1 TL Nelkenpulver · je 2 EL Rum und Rosenwasser

---

50 g Kakao · 500 g Mehl, vermischt mit 1 Päckchen Backpulver

---

*je 125 g gehackte Mandeln, in kleine Würfel geschnittenes
Zitronat und Korinthen*

ZUM BESTREICHEN:

---

etwa 200 g Aprikosenkonfitüre mit etwas Wasser verrührt

ZUM GUSS:

---

*250 g gesiebten Puderzucker mit 3 EL Kakao vermischen
und mit 3–4 EL heißem Wasser zu einer
dickflüssigen Masse verrühren*

Honig, Zucker, Butter oder Schweineschmalz auf dem Herd langsam zergehen lassen und kalt stellen. Unter die lauwarme Masse die Eier, Gewürze, Rum, Rosenwasser und den Kakao rühren, danach das mit dem Backpulver vermischte Mehl einarbeiten und zum Schluß Mandeln, Zitronat und Korinthen untermischen.

Den Teig in gut gefettete Bombenringe von ca. 6 cm Durchmesser und etwa 4 cm Höhe füllen und auf ein gefettetes Blech setzen. Im vorgeheizten Rohr backen. Erkaltet mit Aprikosenkonfitüre bestreichen und mit Schokoladenguß überziehen.

Backhitze: 190 Grad · *Backzeit:* ca. 25 Minuten

Dominosteine

---

250 g Honig · 70 g Zucker · 60 g Butter

2 Eier · 2 EL Kakao · 1 TL Rum · 1 TL Zimt

je 1 Msp Nelkenpulver und Kardamom

300 g Mehl · 3 TL Backpulver

ZUR FÜLLE:

1 Glas Johannisbeergelee

ZUM GUSS:

*400 g gesiebten Puderzucker mit 4 EL Kakao vermischen,
zuerst mit etwa 6 EL heißer Milch und dann mit
40 g zerlassenem heißen Kokosfett verrühren*

Honig, Zucker und Butter auf dem Herd langsam zergehen lassen, dann kalt stellen. Unter die lauwarme Masse Eier, Kakao, Gewürze und das mit dem Backpulver vermischte Mehl rühren. Diese Masse etwa 1½ cm dick auf ein gefettetes Backblech streichen und im vorgeheizten Rohr backen. Das erkaltete Gebäck in etwa 2½ cm große Quadrate schneiden, diese quer durchschneiden, mit Johannisbeergelee wieder zusammensetzen und die Würfel umdrehen, so daß die untere Seite der Würfel nach oben kommt. Diese obere Fläche der Würfel und die Seiten ebenfalls dünn mit Gelee bestreichen. Mit Guß überziehen und trocknen lassen.

Wer es wünscht, kann die Dominosteine auch noch mit einem Marzipanblättchen füllen.

Backhitze: 200 Grad · *Backzeit:* ca. 20 Minuten

Pflastersteine

250 g Honig oder Sirup · 100 g Zucker · 50 g Butter

1 EL Wasser · 1 Ei · abgeriebene Schale von 1 Zitrone

1 gestrichener TL Zimt · 500 g Mehl

4 gestrichene TL Backpulver

50 g geschälte, feingehackte Mandeln

30 g in kleine Würfel geschnittenes Zitronat

ZUM BESTREICHEN:

etwas Milch

ZUM BESTREUEN:

grober Zucker

Honig, Zucker, Butter und Wasser langsam am Herd zergehen lassen, dann in eine Rührschüssel geben und kalt stellen. In die noch lauwarme Masse Ei, Gewürze und ²/₃ des mit dem Backpulver vermischten Mehles einrühren. Danach die Mandeln, Zitronat und restliches Mehl gut in den Teig einarbeiten. Diesen auf ein bemehltes Brett geben, wenn nötig noch etwas Mehl einkneten und etwa 2 cm dicke Rollen formen. Von diesen kleine Stükke, etwa kirschgroß, abschneiden, Kugeln drehen, diese flachdrücken, mit Milch bestreichen und die Oberseite in Zucker tauchen. Auf ein gefettetes Blech legen und im vorgeheizten Rohr backen.

Backhitze: 180 Grad · *Backzeit:* ca. 15 Minuten

Das Gebäck einige Tage offen an der Luft stehenlassen, dann in Büchsen aufbewahren.

Biberli

(Beliebtes Weihnachtsgebäck aus St. Gallen)

(Foto Seite 283)

ZUR FÜLLUNG:
250 g Mandeln · 1 Zitrone mit unbehandelter Schale
125 g Marzipanrohmasse · 25 g Honig
80 g Zucker · 2 Eiweiß
ZUM TEIG:
300 g flüssiger Honig · 50 g Butterschmalz · 75 g Zucker
375 g Mehl · 1 TL Zimt · ½ TL Kardamom
½ TL Nelken, gemahlen · ½ TL Piment, gemahlen
100 g Löffelbiskuit · 1 TL Pottasche
1 gehäufter TL Hirschhornsalz · 80 ccm Kirschwasser
ZUM ÜBERZIEHEN:
100 g dunkle Kuchenglasur · 200 g halbbittere Kuvertüre

Am Vortag die Mandeln mit kochendem Wasser überbrühen, abschrecken, die Haut abziehen. Die Mandeln über Nacht trocknen lassen. 125 g Mandeln durch die Mandelmühle drehen, die übrigen Mandeln längs halbieren. Auf dem Blech verteilen und im Backofen rösten. Auskühlen lassen. Die Zitronenschale dünn abreiben, den Saft auspressen. Gemahlene Mandeln, Marzipanrohmasse, Honig und Zucker miteinander verkneten. Die Eiweiß nacheinander unterkneten. Zuletzt die Zitronenschale und 2 EL Zitronensaft unterkneten. Die Masse zwei Stunden kühl stellen.

Für den Teig Honig, Butterschmalz und Zucker in einen Topf geben, unter Rühren mischen und einmal aufkochen lassen. Beiseite stellen und auskühlen lassen. Mehl in eine Schüssel geben, Zimt, Kardamom, Nelken und Piment untermischen. Löffelbiskuit in eine Plastiktüte geben und mit der Kuchenrolle fein zerdrücken oder im Mixer zerkleinern. Die Brösel mit dem Mehl mischen, in die Mitte eine Mulde drücken. Pottasche mit 50 ccm

Wasser anrühren. Die Honigmischung, die angerührte Pottasche, Hirschhornsalz und Kirschwasser in die Mulde geben. Von der Mitte aus alle Zutaten zu einem glatten Teig verkneten. Zwei Stunden kühl stellen. Noch einmal kurz durchkneten, dann auf der bemehlten Arbeitsfläche zu einem Rechteck von 45 × 32 cm ausrollen. Der Länge nach in 4 Streifen schneiden. Zwei Backbleche mit Backtrennpapier belegen. Die Teigstreifen dünn mit Wasser bepinseln. Die Marzipanmasse in einen Spritzbeutel mit mittelgroßer Lochtülle geben und in die Mitte der Teigstreifen spritzen. Den Teig über der Füllung zusammenschlagen, mit der Nahtstelle nach unten auf ein großes Brett legen und nochmals eine Stunde kühl stellen. Jede Stange in 30 Stücke schneiden, auf die Bleche setzen und im vorgeheizten Ofen backen. Kuchenglasur und Kuvertüre grob hacken, im warmen Wasserbad auflösen und gut verrühren. Die Plätzchen mit der Oberseite hineintauchen, auf Alufolie oder Backtrennpapier absetzen und eine halbe Mandel daraufsetzen.

Backhitze: 175 Grad · *Backzeit:* 10—12 Minuten

Einfacher Honigkuchen

250 g Honig · 250 g Vollkornmehl · 1 Backpulver
je 1 Msp Zimt, Nelken, Kardamom und Ingwer
ZUM BESTREUEN:
50 g grobgehackte Mandeln

Den Honig bis zum Siedepunkt erhitzen und abkühlen lassen. Das Mehl mit dem Backpulver und den Gewürzen vermischen, den abgekühlten Honig darunterrühren und die Masse auf ein gut gefettetes Backblech streichen. Mit den gehackten Mandeln bestreuen und im vorgeheizten Rohr backen.

Backhitze: 200 Grad · *Backzeit:* ca. 25 Minuten

Gewürzschnitten

(Foto Seite 107)

50 g Zitronat · 50 g Orangeat · 50 g Walnußkerne
50 g Pistazien · 50 g Sultaninen · 50 g Korinthen · 2 EL Rum
125 g Roggenmehl · 125 g Weizenmehl
1 Prise Muskatnuß · 1 TL Kardamom · 1 TL Piment
1 TL Zimt · 1 EL Kakaopulver · 1 Prise Salz · 175 g Butter
50 g brauner Zucker · 125 g Bienenhonig · 3 Eier
4 eckige Backoblaten (118 × 193 mm)
ZUR GLASUR:
125 g Puderzucker · 3 EL Rum

Zitronat, Orangeat, Walnüsse, Pistazien und Sultaninen grob
hacken. Die Korinthen dazugeben, alle Zutaten mit dem Rum
vermischen und zugedeckt beiseite stellen. Mehl mit Muskat,
Kardamom, Piment, Zimt, Kakao und Salz mischen und beiseite
stellen. Butter, Zucker und Honig mit den Quirlen des Handrührers schaumig rühren. Die Eier nacheinander dazugeben. Die
Mehlmischung und die mit Rum gemischten Zutaten unterrühren. Das Backblech ganz dünn fetten und die Oblaten dicht an
dicht darauflegen. Die Masse mit einem breiten Messer gleichmäßig bis zum Rand auf den Oblaten verteilen. Im vorgeheizten
Ofen backen. Puderzucker und Rum zu einer Glasur verrühren.
Die Teigplatte sofort nach dem Backen vom Blech auf ein Kuchengitter schieben und noch heiß mit der Glasur bestreichen.
Dann mit einem Sägemesser in kleine Rechtecke schneiden.

Backhitze: 180 Grad · *Backzeit:* ca. 15—18 Minuten

Honigleckerli

(Schweizer Spezialität)

Je 125 g gemahlene Mandeln und Haselnüsse
2 EL Honig · 250 g Zucker · 2 Eiweiß
je 30 g kleingehacktes Orangeat und Zitronat
ZUM BESTREICHEN:
100 g Puderzucker mit etwas Zitronensaft verrührt

Alle Zutaten zu einem Teig verkneten und einige Stunden kalt stellen. Danach ½ cm dick ausrollen und Rauten (verschobene Vierecke) daraus schneiden. Auf ein gefettetes, mit Mehl bestäubtes Blech legen und im vorgeheizten Rohr hellbraun backen. Noch heiß mit flüssiger Zitronenglasur bestreichen.

Backhitze: 150 Grad · *Backzeit:* ca. 30 Minuten

Honigleckerli müssen einige Tage ablagern, bevor sie genußfähig sind.

Honigkuchenbelag für Butterbrot

250 g Honig · 250 g Zucker · ¼ l Milch · 250 g Mehl
1 TL Natron · 2 Eier · 1 TL Zimt · 5 g Ingwer

Zucker, Honig und Milch aufkochen und abkühlen lassen. Langsam in das mit dem Natron vermischte Mehl einrühren, dann die Eier und die Gewürze mit dem Teig vermischen. In eine gut gefettete, ausgemehlte Kastenform füllen und im vorgeheizten Rohr backen.

Backhitze: 200 Grad · *Backzeit:* ca. 50 Minuten

Honigschnitten

¼ l Honig · 125 g Zucker · 3 Eier, getrennt

---

abgeriebene Schale von ¼ Zitrone

---

1 Schnapsgläschen Rum

---

280 g geschälte, gestiftelte Mandeln oder Walnüsse

---

300 g Mehl · 2 Päckchen Backpulver

Honig, Zucker und Eigelb sehr schaumig rühren, die übrigen Zutaten daruntermengen, das letzte Drittel Mehl mit dem Backpulver vermischen und zum Schluß den steifen Eischnee unterheben. Die Masse in zwei gefettete, ausgemehlte Biskuitbleche füllen und die erste Hälfte der Backzeit bei Mittelhitze backen. Wenn sich oben auf dem Teig eine Kruste gebildet hat, mit einem Pergamentpapier abdecken und den Rest der Backzeit die Hitze auf 150 Grad vermindern. Erst bei Gebrauch das Gebäck in Schnitten schneiden.

Backhitze, 1. Hälfte: 200 Grad · Backzeit, 1. Hälfte: ca. 15 Minuten
Backhitze, 2. Hälfte: 150 Grad · Backzeit, 2. Hälfte: ca. 10 Minuten

o.: *Haferflocken–Florentiner, Weißes Sandgebäck;* u.: *Dattelmakronen mit Kokosflocken, Kirschplätzchen* (Rezepte S. 255, 115, 151, 121)

Gefüllter Honigkuchen

4 Eier · 380 g Farinzucker

200 g erwärmter Honig — kann auch Invertzuckercreme
(Kunsthonig) sein

je ¼ TL Zimt, Nelken und Kardamom

die abgeriebene Schale von 1 Orange und 1 Zitrone

700 g Roggenmehl · 10 g Natron

ZUR FÜLLE:

250 g entkernte, getrocknete, gekochte Pflaumen

250 g gekochte Feigen · 100 g getrocknete, gekochte Aprikosen

60 g Orangeat · 60 g Rosinen

50 g gemahlene Haselnüsse · etwas Rum

ZUM BESTREICHEN:

1 Ei

Eier und Zucker sehr schaumig rühren, die übrigen Zutaten der
Reihe nach beimengen. Auf dem Brett einen glatten Teig arbeiten
und drei Stunden ruhen lassen. Danach den Teig halbieren, zwei
gleichmäßige Rechtecke oder Quadrate ausrollen und eine Teigplatte auf ein gefettetes Blech legen. Mit der Fülle bestreichen,
mit der zweiten Teigplatte bedecken, den Honigkuchen mit verquirltem Ei bestreichen und im vorgeheizten Rohr backen. Erkaltet in gleichmäßige Schnitten schneiden. Nach Wunsch können
die Schnitten auch mit einer Zitronenglasur überzogen werden.
In diesem Falle den Teig nicht mit Ei bestreichen. Die Fülle muß
man einige Stunden vor dem Gebrauch zubereiten, damit sie gut
durchziehen kann. Gekochte Pflaumen, Feigen und Aprikosen
gut abtropfen lassen, mit allen anderen Früchten fein wiegen und
mit den Haselnüssen vermengen. Die Masse mit dem Rum befeuchten und zudecken.

Backhitze: 180 Grad · *Backzeit:* ca. 45 Minuten

Der Christstollen

Er gehört eigentlich zu den Gebildbroten, aber zu den christlichen: Der Stollen symbolisiert die Wiege, in die das Christkind gelegt wurde. Am berühmtesten ist der sächsische Christstollen. 1457 wurde er nachweislich erstmals vom Koch des Schlosses Hartenstein bei Torgau hergestellt, aber wahrscheinlich ist das Gebäck noch weit älter. In späteren Jahrhunderten verschenkten die Kurfürsten von Sachsen gern Stollen an ihre gekrönten Vettern in aller Welt. Auch heute noch ist der Dresdner Christstollen ein beliebtes Weihnachtsgeschenk; die berühmte Alt-Dresdner Konditorei Kreutzkamm, die nach dem Zweiten Weltkrieg in München ihr neues Domizil gefunden hat, verschickt die Mandel- und Rosinenstollen in alle Teile der Erde.

Im allgemeinen wird der Stollen aus Hefeteig hergestellt; wir bringen ein Grundrezept hierfür, das mit Abwandlungen, die in den einzelnen Rezepten angegeben sind, für alle Stollen gültig ist.

Hefeteig –
Grundrezept für Christstollen

500 g Mehl · 25 g Hefe · knapp ¼ l lauwarme Milch
50–80 g Zucker · 50–80 g Fett · 1 Prise Salz
1 Ei · abgeriebene Schale von 1 ungespritzten Zitrone

Die Hefe muß frisch und alle anderen Zutaten müssen handwarm sein. Bei schweren Teigen (mit viel Fett, Mandeln usw.) rechnet man, je nachdem, 30–50 g Hefe.

Sieben Sie das Mehl in eine nicht zu kleine Schüssel, in die Mitte drücken Sie eine Vertiefung, bröckeln die Hefe hinein, bestreuen sie mit etwas Zucker, verrühren sie mit einigen Löffeln lauwarmer Milch und nehmen von dem Mehlrand etwas Mehl dazu. Sie können auch in einem kleinen Töpfchen die zerbröckelte Hefe mit Zucker und lauwarmer Milch verrühren und in die Mehlgrube gießen und mit etwas Mehl verrühren. (Diesen Ansatz nennt man Hefestück, Dampferl, Teiglein oder Vorteig.) Nun decken Sie die Schüssel mit einem sauberen Tuch zu und stellen sie an einem warmen Ort.

Der Teig muß sowohl vor Hitze (besonders von unten) und vor Zugluft geschützt werden. Sobald sich in dem Hefestück kleine Bläschen bilden, in etwa 3–5 Minuten, können Sie den Teig weiter verarbeiten. Sie geben nach und nach die übrigen Zutaten unter das Mehl — die Butter in weichem oder flüssigem, aber nicht heißem Zustand — und schlagen den Teig so lange, bis er Blasen wirft und sich von der Schüssel löst. Hierauf bedecken Sie den Teig wiederum mit einem Tuch, stellen ihn wieder an einen warmen Ort und lassen ihn gehen, bis er sich verdoppelt hat. Danach verarbeiten Sie ihn weiter, je nach Rezept, und lassen ihn geformt auf dem gefetteten Blech nochmals einige Minuten gehen. Dann backen Sie ihn bei Mittelhitze in der vorgeheizten Röhre.

Dresdner Weihnachtsstollen

1 kg Mehl · 100 g Hefe · ¼ l Milch · 200 g Zucker
375 g Butter · 2 Eier · 200 g geschälte, gemahlene süße Mandeln
25 g geschälte, gemahlene bittere Mandeln *oder 1 Flasche Bittermandelöl*
je 180 g Rosinen und Korinthen
je 80 g kleingeschnittenes Orangeat und Zitronat
abgeriebene Schale von 1 ungespritzten Zitrone
2 EL Rum · etwas Salz · 1 TL Zimt
1 Msp Kardamom · 1 Msp Nelkenpulver
ZUM BESTREICHEN:
125 g zerlassene Butter
ZUM BESTREUEN:
mit Vanille gewürzter Puderzucker

Einen Hefeteig herstellen, auf dem Brett sehr gut durcharbeiten,
bis er ganz glatt und geschmeidig ist. Dann erst Mandeln, Rosinen, Korinthen, Zitronat, Orangeat und Gewürze einarbeiten.
Den Teig schon wie einen Stollen formen, mit einem Tuch bedecken und an einem warmen Ort 30 Minuten gehen lassen. Danach die Teigrolle mit dem Nudelholz in der Mitte gut eindrük-
ken, so daß zwei nur durch eine dünne Teigschicht verbundene
Hälften entstehen. Die eine Seite über die andere schlagen, nach
innen einrollen, damit der Stollen an dieser Seite hoch, an der
Umbruchseite niedrig ist. Den so geformten Stollen auf ein gefettetes, mit Mehl bestäubtes Blech setzen, nochmals gehen lassen, dann reichlich mit zerlassener Butter bestreichen und im
vorgeheizten Rohr backen. Nach dem Backen, noch heiß, wiederum mit Butter bestreichen, mit Puderzucker bestreuen; das Bestreichen mit Butter und Zucker öfter wiederholen.

Backhitze: 190 Grad · *Backzeit:* ca. 80 Minuten

Einfacher Stollen

1 kg Mehl · 80 g Hefe · etwa ¼ l Milch · 120 g Zucker
125 g Margarine · 125 g Schmalz · 1 Msp Salz · 250 g Rosinen
150 g in kleine Würfel geschnittenes Zitronat
125 g geschälte, gestiftelte Mandeln
ZUM BESTREICHEN:
50 g zerlassene Butter
ZUM BESTREUEN:
Puderzucker

Nach Vorschrift einen Hefeteig bereiten und nach dem Abschlagen die Rosinen, Zitronat und Mandeln einarbeiten. Den Teig gehen lassen, einen Stollen formen, diesen auf das gefettete Backblech legen und nochmals kurze Zeit gehen lassen. Mit lauwarmer Butter bestreichen und im vorgeheizten Rohr schön goldbraun backen. Danach dick mit Puderzucker bestreuen.

Backhitze: 200 Grad · *Backzeit:* 70 Minuten

Mandelstollen

500 g Mehl · 50 g Hefe · knapp ¼ l Milch · 150 g Zucker
250 g Butter · 2 Eigelb · 250 g geschälte, geriebene Mandeln
einige Tropfen Bittermandelöl · 1 Prise Salz · 1 EL Rum
ZUM BESTREICHEN:
50 g zerlassene Butter
ZUM BESTREUEN:
50 g geschälte, blättrig geschnittene Mandeln und Puderzucker

Den Hefeteig wie üblich herstellen, gut durcharbeiten und an einem warmen Ort etwa 30 Minuten gehen lassen. Danach auf einem bemehlten Brett einen Stollen formen, auf ein gefettetes Blech legen und nochmals zugedeckt gehen lassen. Bevor der Stollen in den vorgeheizten Ofen kommt, mit zerlassener Butter bestreichen und mit blättrig geschnittenen Mandeln bestreuen. Noch heiß dick mit Puderzucker bestreuen.

Backhitze: 200 Grad · *Backzeit:* ca. 55 Minuten

Rosinenstollen
(Foto Seite 177)

500 g Mehl · 40 g Hefe · ¼ l Milch · 80 g Zucker · 200 g Butter
350 g in einem Tuch abgeriebene, mit 3 EL Rum getränkte Sultaninen
30 g feingehacktes Zitronat
einige Tropfen Bittermandelöl · 1 Prise Salz
Zum Bestreichen:
50 g zerlassene Butter
Zum Bestreuen:
Puderzucker

Aus den Zutaten einen gut durchgearbeiteten Hefeteig herstellen und an einem warmen Ort gehen lassen. Wenn sich der Teig verdoppelt hat, einen Stollen oder einen geflochtenen Striezel formen. Diesen auf ein gefettetes Blech setzen, nochmals gehen lassen, mit zerlassener Butter bestreichen und im vorgeheizten Rohr zu schöner brauner Farbe backen. Während des Backens öfter mit Butter bestreichen. Noch heiß dick mit Puderzucker bestreuen.

Backhitze: 200 Grad · *Backzeit:* ca. 55 Minuten

Stollen aus Knetteig

500 g Mehl · 1 Päckchen Backpulver · 200 g Zucker
das Ausgeschabte einer Vanilleschote
etwas Salz · etwas Bittermandelöl · 2 EL Rum
Schale von ½ ungespritzten Zitrone
1 Msp Kardamom · 1 Msp Muskatblüte · 2 Eier · 175 g Butter
250 g trockener Quark · 125 g Korinthen · 125 g Rosinen
125 g gemahlene Mandeln · 40 g feingehacktes Zitronat
ZUM BESTREICHEN:
50 g Butter
ZUM BESTREUEN:
50 g Puderzucker

Mehl und Backpulver mischen und auf ein Brett sieben. In die Mitte eine Vertiefung drücken, Zucker, Gewürze und Eier hineingeben und mit einem Teil des Mehls zu einem dicken Brei verarbeiten. Die in Stücke geschnittene kalte Butter, den durch ein Sieb gestrichenen Quark, gemahlene Mandeln und feingehacktes Zitronat hinzufügen. Mit Mehl bedecken und alle Zutaten zu einem glatten Teig verkneten. Falls er klebt, noch etwas Mehl dazugeben. Zu einem Stollen formen, auf ein gefettetes, mit Backpapier belegtes Blech geben. Nach dem Backen mit zerlassener Butter bestreichen und dick mit Puderzucker bedecken.

Backhitze: 200 Grad · *Backzeit:* 60—70 Minuten

Quarkstollen

---

500 g Mehl · 1 Päckchen Backpulver · 200 g Zucker

---

1 Päckchen Vanillezucker · ½ TL Salz

---

abgeriebene Schale von je ½ ungespritzten Zitrone und Orange

---

je 1 Msp Muskat, Zimt und Kardamom · 2 Eier

---

200 g Butter · 250 g Quark

---

je 125 g gewaschene, getrocknete Rosinen und Korinthen

---

125 g geschälte, gemahlene Mandeln

---

je 50 g in kleine Würfel geschnittenes Zitronat und Orangeat

---

2 EL Rum

ZUM BESTREICHEN:

---

50 g Butter

ZUM BESTREUEN:

Puderzucker

Mehl mit dem Backpulver mischen und auf ein Brett sieben. In die Mitte eine Grube drücken, Zucker, Vanillezucker, Gewürze und Eier hineingeben. Diese Zutaten mit einem Messer zusammen verarbeiten. Über das Gemenge die in Stückchen geschnittene Butter und den Quark verteilen, die übrigen Zutaten darüberstreuen und alles zu einem glatten Teig verarbeiten. Wenn nötig, noch etwas Mehl zugeben. Aus dem Teig einen Stollen formen, ihn auf ein mit gefettetem Pergamentpapier belegtes Blech legen und im vorgeheizten Rohr schön hellbraun backen. Mit zerlassener Butter bestreichen und dick mit Puderzucker bestreuen.

Backhitze: 180 Grad · *Backzeit:* ca. 60 Minuten

Schlesischer Mohnstollen

500 g Mehl · 40 g Hefe · ⅛–¼ l Milch

80 g Zucker · 100 g Butter · ½ TL Salz · 1 Ei

ZUR FÜLLE:

250 g gebrühter, gemahlener Mohn · 150 g Zucker

50 g Korinthen · 50 g Sultaninen · 50 g geriebene Mandeln

abgeriebene Schale von ½ ungespritzten Zitrone

1 Msp Zimt · 3–4 EL Milch

ZUM BESTREICHEN:

50 g zerlassene Butter

ZUM GUSS:

150 g Puderzucker, verrührt mit 3–4 EL heißem Wasser

Aus den Zutaten einen mittelfesten Hefeteig bereiten und nach dem Gehen fingerdick zu einem Rechteck ausrollen. Mit zerlassener Butter bespritzen und mit der Mohnfülle — dafür alle angegebenen Zutaten zu einer geschmeidigen Masse verrühren — 2 cm vom Rand entfernt bestreichen. Den Stollen zusammenrollen, auf ein gefettetes Blech legen und nochmals gehen lassen. Danach mit zerlassener Butter bestreichen und im vorgeheizten Rohr backen. Den noch heißen Stollen mit Zuckerguß bepinseln.

Backhitze: 200 Grad · *Backzeit:* ca. 45 Minuten

Böhmischer Weihnachtsstriezel

---

1 kg Mehl · 60 g Hefe · 250 g Zucker · ⅓–½ l Milch

---

250 g Butter · 2 Eigelb · 100 g Rosinen

---

100 g geschälte, dünn geschnittene Mandeln

---

70 g feingeschnittenes Zitronat

---

1 Flasche Bittermandelöl oder einige geschälte, dünn
geschnittene bittere Mandeln

½ TL Salz · etwas Anis · etwas Muskatgewürz

---

abgeriebene Schale von 1 Zitrone

ZUM BESTREICHEN:

---

etwa 80 g zerlassene Butter

ZUM BESTREUEN:

Puderzucker

Aus den angegebenen Zutaten einen Hefeteig bereiten und diesen gut aufgehen lassen. Darauf den Teig in 9 gleiche Stücke teilen und jedes zu einer langen Rolle formen. Aus 4 Rollen auf einem gefetteten Blech die Unterlage des Striezels flechten, aus 3 Rollen die mittlere Lage und aus 2 Rollen den obersten Teil. Die Enden des obersten Teiles fest andrücken und unter den untersten Teil stecken. Den Striezel mit zerlassener Butter bestreichen, an einem warmen Ort zugedeckt etwa ½ Stunde gehen lassen und dann im vorgeheizten Rohr langsam backen. Ist der Striezel fertig, nochmals mit Butter bestreichen und dick mit Puderzucker bestreuen.

Backhitze: 200 Grad · *Backzeit:* ca. 1 Stunde

Schwäbischer Weihnachtsstollen

1 kg Mehl · 100 g Hefe · ¾–½ l lauwarme Milch
200 g Zucker · 300 g Butter · 60 g Rindertalg
60 g Kokosfett · 180 g geschälte, geriebene Mandeln
je 250 g Rosinen und Sultaninen
100 g kleingeschnittenes Zitronat
abgeriebene Schale von ½ Zitrone
ZUM BESTREICHEN:
zerlassene Butter
ZUM BESTREUEN:
Puderzucker

Das Mehl in eine Schüssel sieben, in die Mitte eine Grube machen, die Hefe mit etwas Zucker und lauwarmer Milch auflösen, in die Mehlgrube gießen und mit etwas Mehl verrühren. Diesen Vorteig an einem warmen Ort etwas vorgehen lassen, dann langsam die übrigen Zutaten untermischen und den Teig gut abarbeiten. Er muß ganz geschmeidig sein. 1 Stunde an einer warmen Stelle zugedeckt gehen lassen. Danach ausrollen, einen Stollen formen und auf ein gefettetes Blech legen. Nochmals kurz gehen lassen und im vorgeheizten Rohr goldbraun backen. Noch heiß reichlich mit flüssiger Butter bestreichen und dick mit Puderzukker bestreuen.

Backhitze: 200 Grad · *Backzeit:* ca. 55 Minuten

Schwarzwälder Mohnstollen

500 g Mehl · 25 g Hefe

knapp ¼ l Milch · 80 g Zucker · 125 g Butter · 1 Prise Salz

abgeriebene Schale von 1 Zitrone · 1 Ei

ZUR FÜLLE:

375 g gemahlener Mohn · 150 g Zucker · 1 TL Zimt

125 g gemahlene Nüsse · 80 g zerlassene Butter

2 verquirlte Eier · 1 Gläschen Schwarzwälder Kirschwasser

ZUM BESTREUEN:

Puderzucker

Aus den angegebenen Zutaten einen Hefeteig herstellen und aufgehen lassen. Auf einem bemehlten Brett zu einem Rechteck ausrollen, die Ränder mit zerlassener Butter bestreichen und die Fülle auf den Teig streichen. (Für die Fülle alle Zutaten mischen und zu einer geschmeidigen Masse verrühren.) Zu einem Stollen zusammenrollen, auf ein gefettetes Blech legen und nochmals gehen lassen. Vor dem Backen mit Butter bestreichen und im vorgeheizten Rohr zu schöner brauner Farbe backen. Noch heiß mit Puderzucker dick bestreuen.

Backhitze: 200 Grad · *Backzeit:* ca. 55 Minuten

Wiener Mohnstrudel

250 g Mehl · 25 g Hefe · ⅛ l lauwarme Milch
80 g Butter · 50 g Zucker · 1 Ei · 1 Msp Salz
abgeriebene Schale von ½ Zitrone
ZUM BESTREICHEN:
50 g Butter
ZUR FÜLLE:
250 g gemahlener Mohn · 100 g Zucker · 1 EL Honig
¼ l Milch · 40 g Semmelbrösel · ½ TL Zimt · 1 TL Rum
ZUM BESTREICHEN:
1 verquirltes Eigelb
ZUM BESTREUEN:
Puderzucker

Aus den angegebenen Zutaten einen mittelfesten Hefeteig herstellen und gehen lassen. Danach auf einem bemehlten Brett 1 cm
dick ausrollen, mit zerlassener Butter bepinseln und mit Mohnfülle — einen 2 cm breiten Streifen am Rand frei lassen — dick
bestreichen. Für die Fülle alle Zutaten mischen und fast bis zum
Kochpunkt erhitzen. Die Fülle darf nicht zu weich, sie muß nur
streichfähig sein. Den Teig zusammenrollen, auf ein gefettetes
Blech legen und zugedeckt nochmals gehen lassen. Danach mit
zerlassener Butter bestreichen und im vorgeheizten Rohr goldbraun backen. Wenn der Strudel aus dem Rohr kommt, wieder
mit Butter bestreichen und mit Puderzucker bestreuen.

Backhitze: 200 Grad · *Backzeit:* ca. 30 Minuten

Stollen aus Hefeblätterteig

500 g Mehl · 40 g Hefe · knapp ¼ l Milch · 50 g Zucker
50 g Butter · 2 Eigelb · ½ TL Salz
abgeriebene Schale von ½ ungespritzten Zitrone
ZUM BELEGEN:
200 g kalte Butter
ZUR FÜLLE:
125 g geschälte, gehackte Mandeln · 125 g Rosinen · 50 g Zucker
ZUM BESTREICHEN:
1 Eigelb · 60 g zerlassene Butter
ZUM BESTREUEN:
Puderzucker

Aus den Zutaten einen mittelfesten Hefeteig zubereiten und diesen an einem warmen Ort aufgehen lassen, bis er sich fast verdoppelt hat. Dann an einem kühlen Ort rasten lassen, bis er steif geworden ist (nicht im Keller und nicht im Kühlschrank). Danach den Teig zu einem 1 cm dicken Rechteck ausrollen. Die eine Teighälfte mit dünnen Butterscheiben belegen, die andere Teighälfte darüberschlagen. Ränder leicht andrücken und nach der offenen Seite hin wieder zu einem 1 cm dicken Rechteck ausrollen. Wieder zusammenlegen, nochmals ausrollen und nochmals zusammenlegen. Daraufhin den Teig 10 Minuten kühl stellen. Wieder zweimal ausrollen, zusammenlegen und ruhen lassen. Diesen Vorgang noch ein drittes Mal wiederholen. Nun den Teig dünn ausrollen, mit zerlassener Butter bepinseln, mit Mandeln, Rosinen und Zucker bestreuen, zusammenrollen und auf ein mit kaltem Wasser bespritztes Blech legen. An einem warmen Ort aufgehen lassen, mit verquirltem Eigelb bestreichen und im vorgeheizten Rohr hellbraun backen. Den noch warmen Stollen mit zerlassener Butter bestreichen und mit Puderzucker bestreuen.

Backhitze: 220 Grad · *Backzeit:* ca. 40 Minuten
Dieser Stollen schmeckt frisch am besten.

Orehnjaca
(Jugoslawische Weihnachts-Nußrolle)

400 g Mehl · 20 g Hefe · 60 g Zucker
²/₁₀ l lauwarme Milch · 80 g Butter · 2 Eigelb · 1 Prise Salz
abgeriebene Schale von ½ Zitrone
ZUR FÜLLE:
500 g gemahlene Nüsse · etwa ³/₁₀ l kochende Milch · Zucker
Rum und abgeriebene Zitronenschale nach Geschmack
100 g Rosinen
ZUM BESTREICHEN:
Eigelb

Aus den angegebenen Zutaten einen Hefeteig bereiten und so lange schlagen, bis er sich von Schüssel und Löffel löst. Zugedeckt an einem warmen Ort etwa 1 Stunde gehen lassen. Inzwischen für die Fülle die Nüsse mit der kochenden Milch überbrühen, erkalten lassen, dann die Geschmackszutaten einrühren. Den Teig in zwei Stücke teilen, jedes Stück ausrollen, mit Fülle bestreichen, mit Rosinen bestreuen, strudelartig zusammenrollen, mit Eigelb bestreichen und gleich backen.

Backhitze: 200 Grad · *Backzeit:* ca. 40 Minuten

Ungarischer Mohnstrudel

250 g Mehl · 1 Msp Salz · 1 Eigelb · 20 g Fett
$\frac{1}{10}$ l lauwarmes Wasser · knapp $\frac{1}{10}$ l saure Sahne
ZUR FÜLLE:
300 g gemahlener Mohn · 200 g Zucker · knapp $\frac{1}{4}$ l Milch
1 geschälter, geriebener Apfel · 50 g Rosinen
abgeriebene Schale von $\frac{1}{2}$ Zitrone
ZUM BESTREUEN:
Puderzucker

Das Mehl auf ein Brett sieben, in die Mitte eine Grube machen, da hinein alle übrigen Zutaten geben und mit Hilfe eines Messers alles gut vermischen. Den Teig mit den Händen so lange abarbeiten, bis sich keine Blasen mehr bilden und er sich von Fingern und Brett völlig löst. Dann den Teig mit einer vorgewärmten Schüssel zudecken und 20 Minuten ruhen lassen. Inzwischen für die Fülle Mohn, Zucker und Milch aufkochen und kalt stellen. Erkaltet mit geriebenem Apfel, Rosinen und Zitronenschale vermischen. Den Teig auf ein bemehltes Tuch legen, mit dem Nudelholz leicht etwas flachdrücken, dann den Teig von der Mitte aus mit den Fingern so dünn als möglich ausziehen. Er darf dabei keine Löcher bekommen. Den dicken Rand dieses papierdünnen Teiges schneidet man ab. Die Teigplatte mit flüssigem Fett bespritzen, die Mohnfülle darauf verteilen und mit Hilfe des Tuches zusammenrollen. Den Strudel auf ein gefettetes Blech legen, mit flüssigem Fett oder einem verquirlten Eigelb bestreichen und im vorgeheizten Rohr bräunlich backen.

Backhitze: 200 Grad · *Backzeit:* ca. 25 Minuten

Vanillestollen

750 g Mehl · 1 Msp Salz · 50 g Hefe · ¼ l lauwarme Milch
100 g Ahornsirup · 250 g Butter · 2 Eigelb
etwas abgeriebene Zitronenschale · Mark von 2 Vanillestangen
250 g getrocknete Feigen · 1 Msp gemahlene Nelken
1 Msp Zimt · 3 EL Mandellikör
ZUM BESTREICHEN:
50 g zerlassene Butter
ZUM BESTREUEN:
100 g gehackte Mandeln oder Pinienkerne

Aus den Zutaten einen gut durchgearbeiteten Hefeteig herstellen. Den Teig mit einem Tuch abdecken und an einem warmen Ort gehen lassen, bis er sich verdoppelt hat. Einen Stollen formen und auf ein gefettetes Blech setzen, noch einmal kurz gehen lassen, mit der zerlassenen Butter bestreichen und mit gehackten Mandeln bestreuen. Im vorgeheizten Ofen backen.

Backhitze: 180 Grad · *Backzeit:* ca. 60 Minuten

o.: *Schokoladenstangen;* u.l.: *Makronenschnitten;* r.: *Mandellebkuchen*
(Rezepte S. 117, 157, 40)

Plätzchen aus Knet- und Rührteig

Bei *Knetteig, Mürbeteig* oder auch *Kaltteig* genannt, müssen die Zutaten, besonders die Butter oder das Fett, kalt sein. Sie arbeiten diesen Teig am besten auf einer Marmorplatte — wenn vorhanden — oder auf dem Brett in einem kühlen Raum, mit kalten Händen und sehr rasch. Der Teig darf nicht klebrig sein. Wenn er ganz glatt verknetet ist, stellen Sie ihn für mindestens 20 Minuten kalt. Danach läßt er sich besser weiterverarbeiten.

Plätzchen aus *Rührteig* können Sie im Grunde einfach herstellen. Sie verlangen nur etwas Zeit zum Rühren, wenn Sie über keine Küchenmaschine verfügen. Die eingerührte Luft lockert das Gebäck, als weiteres Lockerungsmittel wirken Eischnee oder Alkohol, und zusätzlich bei manchen Rezepten das Backpulver. Sie finden in diesem Kapitel viele Rezepte, die für die eilige Hausfrau praktisch sind. Sie können einfach den fertigen Teig auf ein gefettetes, mit Mehl bestäubtes Blech streichen — brauchen also nicht erst lange Plätzchen auszustechen — und dann den gebakkenen Teig in beliebig große Stücke schneiden.

Knetteig — Grundrezept für Kleingebäck

250 g Mehl · 125 g Butter · 70 g Zucker		
1 Ei oder 2 Eigelb · 1 Prise Salz		

Sieben Sie das Mehl auf ein Brett, streuen Sie den Zucker darüber, in die Mitte drücken Sie eine Grube und geben das Ei oder das Eigelb, wenn es das Rezept verlangt, auch die Flüssigkeit und das Salz hinein und verteilen die kalte, in kleine Stücke geschnittene Butter darüber. Zuerst vermischen Sie alle Zutaten mit einem breiten Messer, dann verkneten Sie mit dem Handballen alle Zutaten zu einem glatten Teig. Diesen stellen Sie, wenn in den Rezepten nicht anders angegeben, für 30 Minuten kalt. Inzwischen reinigen Sie das Brett, auf dem Sie dann den ausgeruhten Teig ausrollen. Bestäuben Sie es leicht mit Mehl, damit der Teig auf dem Brett nicht klebt. Achten Sie beim Ausstechen oder Ausschneiden der gewünschten Formen darauf, daß möglichst wenig Teigreste abfallen, da durch häufiges Zusammenkneten der Reste der Teig nicht mehr gut zusammenhält. Die ausgestochenen Plätzchen legen Sie mit Hilfe eines breiten Messers auf ein entweder ganz leicht gefettetes oder mit Backpapier belegtes Blech.

Diese Plätzchen backen Sie, wenn in den einzelnen Rezepten nicht anders angegeben, bei Mittelhitze in der vorgeheizten Röhre.

Nach dem Backen das Gebäck noch heiß lösen und zum Auskühlen auf einen Drahtrost legen.

Rührteig –
Grundrezept für Kleingebäck

125 g Butter · 100 g Zucker · 1 Ei
250 g mit ½ Päckchen Backpulver vermischtes Mehl
1 Prise Salz · 1 Päckchen Vanillezucker oder abgeriebene Schale von ½ ungespritzten Zitrone

Rühren Sie die Butter sehr schaumig, dann geben Sie nach und nach den Zucker und das Ei dazu und rühren die Masse so lange, bis keine Zuckerkörnchen mehr zu spüren sind. Dann fügen Sie das Salz und die Geschmackszutaten bei. Zum Schluß rühren Sie das mit dem Backpulver vermischte Mehl — je nach Rezept auch mit Stärkemehl und Kakao vermischt — darunter. Den Teig streichen Sie, ohne ihn länger stehen zu lassen, auf ein gefettetes, mit Mehl bestäubtes Blech, oder Sie geben ihn in eine gefettete, mit Mehl bestäubte Form und backen ihn in der vorgeheizten Röhre bei schwacher Mittelhitze. Den abgekühlten Teig schneiden Sie in beliebige Formen, füllen oder bestreichen ihn mit Creme oder Marmelade — je nach Rezeptangabe —, glasieren ihn oder bestreuen ihn mit Puderzucker.

Spekulatius

Auf dem »bunten Weihnachtsteller« darf der Spekulatius nicht fehlen. Er ist mindestens 200 Jahre alt — die alten Holzmodeln lassen das erkennen —, wahrscheinlich aber gibt es dieses Weihnachtsgebäck schon viel länger. »Speculaas« nennt man es in Holland, Belgien und Luxemburg, und es wird in diesen Ländern vielfach mit Zuckerguß bunt verziert. Die alten Formen und Figuren sind am Rhein traditionell.
Diese Leckerei kann ebensogut ausgestochen wie auch in alten oder neuen Holzmodeln geformt werden.
Spekulatius ist ein Mürbeteig, der kräftig mit Zimt, Nelkenpulver, Kardamom und Muskatblüte gewürzt wird. In den alten Rezepten hat man auf die Zugabe von Triebmitteln verzichtet, wogegen in den neueren Rezepten gerne etwas Backpulver verwendet wird.

Beim Backen von Spekulatius müssen alle Zutaten gut gekühlt sein, bevor man sie zu einem glatten Teig verarbeitet. Danach stellt man den Teig für einige Stunden in einen kühlen Raum oder läßt ihn auch über Nacht kühl stehen. Will man ihn schneller zubereiten, wickelt man ihn in Alufolie und stellt ihn für mindestens eine Stunde in den Kühlschrank.

Spekulatius ohne Backpulver

500 g Mehl · 250 g Butter · 300 g Zucker
1 Päckchen Vanillezucker · 2 Eier · 1 Prise Salz · ½ TL Zimt
1 Msp Nelken und Kardamom · 1 Msp Muskatblüte
ZUM BESTREICHEN:
2 EL zerlassene Butter
ZUM BESTREUEN:
Puderzucker

Aus den angegebenen Zutaten einen Mürbeteig arbeiten und diesen für einige Stunden kalt stellen. Messerrückendick ausrollen, den Teig in geschnitzte, mit Mehl bestäubte Holzformen drücken und stürzen oder beliebige Formen ausstechen. Auf ein gewachstes Blech legen, mit zerlassener Butter bestreichen und mit Puderzucker bestreuen. Im vorgeheizten Rohr hellbraun backen.

Backhitze: 200 Grad · *Backzeit:* ca. 10—12 Minuten

Spekulatius mit Farinzucker

500 g Mehl, vermischt mit 2 gestrichenen TL Backpulver
250 g Butter · 250 g Farinzucker · 1 Ei · 1 Eigelb · 1 Prise Salz
1 TL Zimt · je ½ TL Nelkenpulver und Kardamom
abgeriebene Schale von ½ Zitrone

Sämtliche Zutaten auf dem Brett rasch zu einem glatten Teig arbeiten und für mindestens zwei Stunden kalt stellen. Danach 2 mm dick ausrollen, in mit Mehl bestäubte Holzmodeln drücken und stürzen oder beliebige Formen ausstechen. Auf leicht gefettetem Blech im vorgeheizten Rohr hellbraun backen.

Backhitze: 220 Grad · *Backzeit:* ca. 10 Minuten

Zimtspekulatius

250 g Mehl, vermischt mit 1 TL Backpulver
125 g Butter · 250 g Zucker · 1 Ei · 1 EL Milch · 1 Prise Salz
1 TL Zimt · abgeriebene Schale von ½ Zitrone

Aus den angegebenen Zutaten einen Mürbeteig herstellen und eine Stunde im Kühlschrank ruhen lassen. Danach ausrollen, verschiedene Formen ausstechen und auf leicht gefettetem Blech hell backen.

Backhitze: 200 Grad · *Backzeit:* ca. 10 Minuten

Mandelspekulatius

375 g Mehl · 200 g Butter · 150 g Zucker
100 g geschälte, geriebene Mandeln · 2 Eier
1 Päckchen Vanillezucker · 1 Msp Zimt
je 1 Prise Salz, Nelkenpulver und Muskatblüte
ZUM BESTREUEN:
Mandelblättchen (Fertigprodukt)

Alle angegebenen Zutaten zu einem Mürbeteig arbeiten und eine Stunde kalt stellen. Den Teig etwa 2 mm dick ausrollen, beliebig ausformen und die Plätzchen auf ein leicht gefettetes, mit Mandelblättchen bestreutes Blech legen. Im vorgeheizten Rohr hellbraun backen.

Backhitze: 200 Grad · *Backzeit:* ca. 10–12 Minuten

Spekulatiusbrezeln

(Foto Seite 301)

FÜR DEN TEIG:
550 g Mehl · 1 Prise Salz · 1 TL Zimt
1 TL Nelken (gemahlen) · 1 TL Kardamom
100 g Marzipanrohmasse · 250 g Butter · 300 g Zucker
1 Ei · 1 Eigelb · 1 EL Rosenwasser
etwas Mehl zum Ausrollen · 4 Eigelb zum Bestreichen
FÜR DIE GARNITUR:
15 g Sesam · 15 g Mohn · 15 g Korinthen · 15 g Zitronat
50 g Pinienkerne

Mehl mit Salz, Zimt, Nelken und Kardamom mischen. Auf die Arbeitsfläche schütten und in die Mitte eine Mulde drücken. Marzipanrohmasse, Butter in Flöckchen und Zucker in die Mulde geben und mit dem Ei und dem Eigelb verkneten. Das Rosenwasser unterkneten. Dann die Marzipanmasse mit dem Mehl zu einem glatten Teig verkneten. Die Arbeitsfläche mit etwas Mehl bestäuben und den Teig ca. 5 mm dick ausrollen. Brezeln ausstechen, mit verquirltem Eigelb bestreichen. Mit Sesam und Mohn bestreuen und mit Zitronat, Korinthen und Pinienkernen belegen. Die Pinienkerne mit Eigelb bestreichen. Im vorgeheizten Backofen backen. Auf dem Blech auskühlen lassen.

Backhitze: 200 Grad · *Backzeit:* ca. 20—25 Minuten

Zimtblätter

300 g Mehl · 175 g Butter · 80 g Zucker
¼ TL Zimt · 2 Eier · 1 Eigelb
ZUM BESTREICHEN:
1–2 EL zerlassene Butter
ZUM BESTREUEN:
Zimtzucker

Aus den angegebenen Zutaten einen glatten Knetteig bereiten und 30 Minuten kalt stellen. Danach sehr dünn ausrollen, Plätzchen in Form von Blättern ausstechen und auf ein gefettetes Blech setzen. Mit zerlassener Butter bepinseln und mit Zimtzucker bestreuen. Im vorgeheizten Rohr langsam backen.

Backhitze: 180 Grad · *Backzeit:* ca. 10 Minuten

Zimtsterne aus Mürbeteig

140 g Mehl · 70 g Zucker · 100 g Butter
2 Eigelb · 1 gestrichener EL Zimt
ZUM WENDEN:
Puderzucker, mit etwas Zimt vermischt

Aus den angegebenen Zutaten auf dem Brett einen Knetteig herstellen und diesen 30 Minuten kalt stellen. Danach messerrückendick ausstechen, auf ein leicht gefettetes Blech legen und nochmals 10 Minuten kalt stellen. Im vorgeheizten Rohr backen, dann vorsichtig vom Blech lösen und noch heiß in Zimtzucker wenden.

Backhitze: 200 Grad · *Backzeit:* ca. 12 Minuten

Nußhalbmonde I

70 g geriebene Nüsse · 70 g Zucker · 1 Eigelb

40 g feingehackte Rosinen

ZUM ÜBERZIEHEN:

beliebige Zuckerglasur

Sämtliche Zutaten auf dem Brett zu einem glatten Teig verarbeiten, kalt stellen, dann messerrückendick ausrollen und Halbmonde ausstechen. Auf ein gefettetes Blech legen und backen. Erkaltet mit Zuckerglasur bestreichen.

Backhitze: 180 Grad · *Backzeit:* ca. 15 Minuten

Nußhalbmonde II

250 g Mehl · 150 g Butter · 1 Ei · etwas Wasser · 1 Prise Salz

ZUR FÜLLE:

150 g geriebene Nüsse · 150 g Zucker · 1 Ei · 1 Eigelb

ZUM ÜBERSTREUEN:

Puderzucker

Mehl und Butter auf dem Brett abbröseln, die übrigen Zutaten untermengen und einen glatten Teig kneten. Über Nacht ruhen lassen und am anderen Tag zweimesserrückendick ausrollen. Runde Scheiben ausstechen, mit Fülle belegen — für die Fülle alle Zutaten gut verrühren —, die Ränder mit etwas Eiweiß bestreichen, die Scheiben überschlagen und die Ränder gut andrükken. Das Gebäck auf ein leicht gefettetes Blech legen und im vorgeheizten Rohr backen. Noch heiß mit Puderzucker bestreuen.

Backhitze: 200 Grad · *Backzeit:* ca. 20 Minuten

Weihnachtsbissen

4 Eiweiß · 170 g Puderzucker · 160 g geriebene Nüsse
ZUR FÜLLE:
150 g Butter · 100 g erweichte Schokolade · 1 Eigelb
1 Päckchen Vanillezucker
Marzipanmasse (siehe Seite 270) von 200 g geschälten, geriebenen Mandeln
1 Eiweiß · 100 g Puderzucker
ZUM ÜBERGUSS:
Schokoladenglasur
ZUM VERZIEREN:
kandiertes Obst

Unter den steifen Eischnee den Puderzucker und die geriebenen Nüsse heben. In einer viereckigen, gut eingefetteten, mit Semmelbröseln ausgestreuten Tortenform die Masse im vorgeheizten Rohr backen. Erkaltet durchschneiden und füllen. Dafür die Butter schaumig rühren und die übrigen Zutaten beigeben. Auf diese Torte eine Marzipanplatte von gleicher Größe legen und mit einer Schokoladenglasur überziehen. Wenn die Glasur vollkommen getrocknet ist, die Torte in gleichmäßige, kleine Würfel schneiden und beliebig mit kandierten Früchten verzieren.

Backhitze: 180 Grad · *Backzeit:* ca. 15 Minuten

Pfefferbäckerei

---

70 g Butterschmalz · 70 g Zucker · 1 Ei

---

2 g weißer Pfeffer · 1 Prise Salz · 1 Msp Zimt

---

abgeriebene Schale von ½ ungespritzten Zitrone · 200 g Mehl

ZUM BESTREICHEN:

---

1 verquirltes Eigelb

ZUM BESTREUEN:

---

etwas Mohn und Zucker

Das Schmalz schaumig rühren, dann Zucker, Ei, die Gewürze und das Mehl beigeben. Den Teig 20 Minuten kalt stellen, dann auf einem bemehlten Blech etwa ½ cm dick ausrollen, beliebige Formen ausstechen, mit Eigelb bepinseln und mit Mohn und Zucker bestreuen. Auf einem leicht gefetteten Blech in der vorgeheizten Röhre backen.

Backhitze: 200 Grad · *Backzeit:* ca. 15 Minuten

Schmalzplätzchen

(Foto Seite 283)

---

500 g Mehl · 150 g Butter · 150 g Schmalz

---

270 g Zucker · 1 Prise Salz

---

1 TL abgeriebene Schale von 1 unbehandelten Zitrone

---

2 Eier · 2 TL Zimt

Das Mehl auf die Arbeitsfläche schütten und in die Mitte eine Mulde drücken. Butter in Stückchen, Schmalz, 170 g Zucker, Salz und Zitronenschale in die Mulde geben. Ein Ei dazugeben und alle Zutaten von der Mitte aus zu einem glatten Teig verkneten.

Den Teig zu einer Kugel formen und eine Stunde kühl stellen. Dann auf der bemehlten Arbeitsfläche noch einmal kurz durchkneten und in 5 Teile teilen. Jedes Stück zu einer Rolle von 24 cm formen. Die Rollen 30 Minuten kühl stellen. Den restlichen Zucker mit Zimt mischen, das Ei mit einer Gabel verquirlen. Die Rollen rundherum mit dem Ei bestreichen und im Zimtzucker wälzen. Backbleche mit Backtrennpapier belegen. Jede Rolle in 30 Scheiben schneiden, auf die Bleche legen und im vorgeheizten Ofen backen. Die Plätzchen sollen nur hellbraun werden. Auf dem Blech auskühlen lassen.

Backhitze: 175 Grad · *Backzeit:* 12–15 Minuten

Walnußtaler

200 g Mehl · 125 g Butter · 60 g Zucker
1 Päckchen Vanillezucker · abgeriebene Schale von 1 Zitrone
ZUM FÜLLEN:
etwa 2 EL Aprikosenmarmelade
ZUM GUSS:
200 g gesiebten Puderzucker mit 2 EL heißem Wasser und etwas Zitronensaft gut verrühren
ZUM BELEGEN:
halbierte Walnüsse

Aus den angegebenen Zutaten einen Knetteig zubereiten und 30 Minuten kalt stellen. Dünn ausrollen und runde Plätzchen von 2 cm Durchmesser ausstechen. Auf ein leicht gefettetes Blech legen und im vorgeheizten Rohr hell backen. Nach dem Erkalten immer 2 Plätzchen mit Marmelade zusammensetzen, glasieren und auf jeden Taler eine in Guß getauchte Walnußhälfte setzen.

Backhitze: 200 Grad · *Backzeit:* ca. 10 Minuten

Nougattaler

(Foto Seite 283)

---

250 g weiche Butter · 130 g Zucker · 2 Eier

1 Prise Salz · 250 g Mehl · 4 TL Zimt

ZUR FÜLLUNG UND VERZIERUNG:

200 g Nougat · 100 g halbbittere Kuvertüre

Butter und Zucker mit den Quirlen des Handrührers schaumig rühren. Nach und nach Eier, Salz, Mehl und Zimt dazugeben und zu einem geschmeidigen Teig verarbeiten. Backbleche mit Backtrennpapier belegen. Den Teig in einen Spritzbeutel mit kleiner Lochtülle füllen und auf die Bleche ca. 140 groschengroße Tupfer spritzen. Im vorgeheizten Ofen backen. Die Plätzchen erkalten lassen.

Nougat unter Rühren kurz erwärmen und in einen Spritzbeutel mit kleiner Lochtülle füllen. Bei der Hälfte der Taler auf die glatte Seite einen Tupfen spritzen, die anderen Taler daraufsetzen und leicht andrücken. Kuvertüre grob hacken und im warmen Wasserbad auflösen. Eine Spritztüte aus Pergament drehen, Kuvertüre einfüllen und dünne Linien auf die Taler spritzen.

Backhitze: 150 Grad · *Backzeit:* 12—15 Minuten

Dänische braune Kuchen

(Foto Seite 229)

500 g Mehl · 1 TL Backpulver · 250 g dunkler Kuchensirup
125 g Zucker · 150 g Schweineschmalz · 2 TL Zimt
2 TL Kardamom · 2 TL gemahlene Nelken · 1 Ei
ZUM BESTREICHEN:
⅛ l Milch
ZUM BESTREUEN:
150 g Mandelblättchen

Das Mehl auf die Arbeitsfläche schütten und in die Mitte eine Mulde drücken. Das Backpulver auf den Mehlrand streuen, Sirup, Zucker, 125 g Schmalz, Zimt, Kardamom, Nelken und Ei in die Mulde geben. Von der Mitte aus alle Zutaten zu einem Teig verkneten. Über Nacht zugedeckt kühl stellen.

Die Arbeitsfläche mit Mehl bestäuben. Den Teig in mehrere Stücke teilen. Nacheinander sehr dünn ausrollen. Mit einem Kuchenrädchen Rechtecke von ca. 6 × 4 cm ausrollen. Die Backbleche mit dem restlichen Schmalz fetten. Die Plätzchen darauflegen, dünn mit Milch bestreichen und mit Mandelblättchen bestreuen und backen. Auskühlen lassen.

Backhitze: 175 Grad · *Backzeit:* 8—10 Minuten

Dunkle Nußhörnchen

450 g Zucker · 3 Eier · 250 g gemahlene Haselnüsse

80 g Kakao · 1 TL Zimt · 1 Msp Nelkenpulver

abgeriebene Schale von 1 Zitrone · 50 g Mehl

ZUM WENDEN:

50 g Walnüsse

Den Zucker mit den Eiern verrühren, dann Haselnüsse, Kakao und die Gewürze zugeben und zum Schluß mit dem Mehl vermischen. Sollte die Masse zu fest sein (abhängig von der Größe der Eier), mit etwas Eischnee auflockern. Immer 1 TL Teig in den gehackten Walnüssen wälzen und daraus kleine Hörnchen formen. Auf ein gefettetes, mit Mehl bestäubtes Blech legen und langsam backen.

Backhitze: 175 Grad · *Backzeit:* ca. 20 Minuten

Helle Nußhörnchen

200 g Mehl · 140 g Butter · 70 g Puderzucker

80 g gemahlene Walnüsse

ZUM WENDEN:

Vanillezucker

Aus allen Zutaten auf dem Brett einen Knetteig herstellen und 15 Minuten kalt stellen. Gleichmäßige Hörnchen formen und auf einem leicht gefetteten Blech im vorgeheizten Rohr hell backen. Noch warm in Vanillezucker wälzen.

Backhitze: 180 Grad · *Backzeit:* ca. 15 Minuten

Gefüllte Haselnußplätzchen

250 g Mehl · 150 g Butter · 1 Ei · etwas Wasser · 1 Prise Salz

ZUR FÜLLE:

150 g geröstete, geriebene Haselnüsse

150 g Zucker · 1 Ei · 1 Eigelb

ZUM ZUSAMMENKLEBEN:

etwas Eiweiß

ZUM BESTREUEN:

Puderzucker

Mehl mit der Butter auf dem Brett zerbröseln, die übrigen Zutaten untermengen und alles zu einem glatten Teig verarbeiten. Über Nacht ruhen lassen, am anderen Tag zweimesserrückendick ausrollen und runde Plätzchen ausstechen. Die Hälfte der Plätzchen mit Fülle belegen — hierfür alle Zutaten gut verrühren —, dann den Rand der Plätzchen mit Eiweiß bestreichen und ein zweites Plätzchen darauflegen. Ränder gut andrücken. Das Gebäck auf ein gefettetes Blech legen und im vorgeheizten Rohr hell backen. Noch heiß dick mit Puderzucker bestreuen.

Backhitze: 200 Grad · *Backzeit:* ca. 15 Minuten

Nußsterne

150 g Mehl · 150 g Butter · 150 g Zucker

150 g geriebene Haselnüsse · 2 Eigelb · 1 EL Zitronensaft

ZUM VERZIEREN:

einige halbierte Haselnüsse

ZUM ÜBERZIEHEN:

Rumglasur (siehe Seite 307)

Aus den angegebenen Zutaten auf dem Brett einen Knetteig arbeiten und diesen 30 Minuten kalt stellen. Danach ½ cm dick ausrollen, beliebig große Sterne ausstechen, jeden mit ½ Haselnuß belegen und auf einem leicht gefetteten Blech im vorgeheizten Rohr backen. Erkaltet mit dünner Rumglasur überziehen.

Backhitze: 200 Grad · *Backzeit:* ca. 15 Minuten

Mandelgebäck

150 g Butter · 150 g Zucker · 2 Eigelb · 300 g Mehl · 1 EL Rum

ZUM BELAG:

2 Eiweiß · 150 g Puderzucker mit ½ TL Zimt vermischt

200 g feingemahlene Mandeln

Butter, Zucker und Eigelb schaumig rühren, zum Schluß das Mehl und den Rum beigeben. Die Masse 30 Minuten kalt stellen. Danach auf einem bemehlten Brett nochmals durchkneten, ausrollen und runde, gezackte Plätzchen ausstechen. In die Mitte jedes Plätzchens etwas Belag geben. Dafür hat man die Eiweiß zu steifem Schnee geschlagen und nach und nach mit Zimtzucker und Mandeln vermischt. Das Gebäck auf ein leicht gefettetes Blech legen und rasch backen.

Backhitze: 200 Grad · *Backzeit:* ca. 10 Minuten

Mandelherzen

125 g Butter · 125 g Zucker · 1 Päckchen Vanillezucker
1 Eigelb · 125 g feingemahlene Mandeln
abgeriebene Schale von 1 ungespritzten Zitrone
1 gestrichener TL Zimt · 1 Msp Nelkenpulver
1 Msp Muskatblüte · 125 g Zwiebackmehl · 125 g Mehl
ZUM BESTREICHEN:
1 Eigelb
ZUM VERZIEREN:
einige abgezogene, halbierte Mandeln

Butter, Zucker, Vanillezucker und Eigelb schaumig rühren, dann die Mandeln und Gewürze unterrühren, zum Schluß Zwiebackbrösel und Mehl einarbeiten. Den Teig 20 Minuten kalt stellen, danach ½ cm dick ausrollen, Herzen ausstechen und auf ein gefettetes Blech legen. Jedes Herz mit Eigelb bestreichen, mit 2 Mandelhälften verzieren. Im vorgeheizten Rohr backen.

Backhitze: 200 Grad · *Backzeit:* ca. 15 Minuten

Sesamsterne, Walnußstangen, Shortbread (Rezepte S. 122, 127, 126)

Vanillekipferl

(Foto Seite 265)

---

200 g Mehl · 50 g Zucker

---

1 Päckchen Vanillezucker oder ½ abgeschabte Vanilleschote

---

80 g abgeschälte, geriebene Mandeln · 150 g Butter

ZUM WENDEN:

---

mit Vanille gewürzter Puderzucker

Aus allen Zutaten auf dem Brett einen glatten Knetteig herstellen und 20 Minuten an einem kalten Ort ruhen lassen. Danach eine Rolle formen, gleichmäßige Scheiben abschneiden und diese zu Hörnchen formen. Auf einem leicht bemehlten Backblech im vorgeheizten Rohr hell backen. Sobald das Gebäck aus dem Rohr kommt, vorsichtig vom Blech lösen und noch heiß im Vanillezucker wenden.

Backhitze: 200 Grad · *Backzeit:* ca. 10 Minuten

Vanillekipferl mit Schokoladenspitzen

---

150 g Mehl · 100 g Butter

---

50 g geschälte, geriebene Mandeln · 80 g Zucker

---

1 Päckchen Vanillezucker oder ½ ausgeschabte Vanilleschote

---

2 Eigelb

ZUM EINTAUCHEN:

Schokoladenglasur (siehe Seite 305)

Aus den angegebenen Zutaten einen Knetteig bereiten und 15 Minuten kalt stellen. Gleichmäßige, kleine Hörnchen formen und auf leicht gefettetem Blech im vorgeheizten Rohr hell backen. Solange die Kipferl noch lauwarm sind, vorsichtig in der Mitte anfassen, die Spitzen in Schokoladenguß tauchen und trocknen lassen.

Backhitze: 180 Grad · *Backzeit:* ca. 15 Minuten

Schokoladenkipferl

250 g Mehl · 40 g Kakao · 200 g Butter
100 g Zucker · 1 kleines Eigelb
Zum Überziehen:
Kuvertüre
Zum Bestreuen:
geschälte, gehackte Mandeln oder Pistazien

Mehl mit Kakao mischen und auf ein Brett sieben. In die Mitte eine Grube drücken und das Eigelb hineingeben. Zucker darüberstreuen und die Butter in Flöckchen darüber verteilen. Mit Hilfe eines Messers alles gut vermischen und dann einen glatten Teig kneten. 30 Minuten kalt stellen, dann eine Rolle daraus formen, gleichmäßige Scheiben abschneiden und Hörnchen drehen. Diese auf ein leicht gefettetes Blech legen und im vorgeheizten Rohr backen. Vorsichtig vom Blech nehmen, erkalten lassen, mit aufgelöster Kuvertüre bepinseln und mit gehackten Mandeln oder Pistazien bestreuen.

Backhitze: 200 Grad · *Backzeit:* ca. 10 Minuten

Zitronenbrezeln

2 Eigelb · 125 g Butter · 125 g Zucker
abgeriebene Schale von 1 ungespritzten Zitrone
1 EL Zitronensaft · 150 g Mehl · 50 g Stärkemehl
50 g kleingeschnittenes Zitronat
ZUM BESTREICHEN:
1 verquirltes Eigelb
ZUM BESTREUEN:
Kristallzucker

Butter, Zucker und Eigelb schaumig rühren, nach und nach die übrigen Zutaten untermischen. Den Teig auf einem bemehlten Brett durchkneten, eine Rolle formen, gleichmäßige Scheiben abschneiden und daraus Brezeln formen. Diese auf ein leicht gefettetes Blech legen, mit Eigelb bestreichen und mit Kristallzucker bestreuen. Im vorgeheizten Rohr hell backen.

Backhitze: 200 Grad · *Backzeit:* ca. 15 Minuten

Schokoladenbrezeln
(Foto Seite 283)

240 g weiche Butter · 120 g Puderzucker
1 Päckchen Vanillezucker · 1 Prise Salz
1 Ei und 1 Eigelb · 350 g Mehl
ZUR GLASUR:
80 g Kakaopulver · 450 g Puderzucker
3 cl brauner Rum · Kakaopulver zum Bestäuben

Backbleche mit Backtrennpapier belegen. Butter, Puderzucker, Vanillezucker und Salz mit den Quirlen des Handrührers etwa 2–3 Minuten schaumig rühren. Dabei das Ei und das Eigelb unterrühren. Das Mehl unter die Schaummasse rühren. Die Masse in einen Spritzbeutel mit kleiner Lochtülle füllen und kleine Brezeln auf die Bleche spritzen. Im vorgeheizten Ofen backen. Die Brezeln auf dem Blech auskühlen lassen.

Für die Glasur Kakaopulver und Puderzucker in einen Topf sieben. Mit 12 EL Wasser verrühren und einmal kurz aufkochen lassen. Den Rum unterrühren. Die Brezeln mit der Oberseite in die Glasur tauchen, auf ein Kuchengitter setzen. Die noch nicht ganz getrockneten Brezeln mit Kakaopulver bestäuben. Die Glasur über Nacht ganz fest werden lassen.

Backhitze: 175 Grad · *Backzeit:* 8–10 Minuten

Schwarz-Weiß-Gebäck

---
250 g Mehl · 125 g Butter · 125 g Zucker · 1 Ei · 1 TL Rum

50 g Kakao · 1 Eiweiß

Mehl, Butter, Zucker, Ei und Rum auf dem Brett zu einem glatten Teig arbeiten und diesen halbieren. Die Hälfte mit Kakao vermischen und beide Teile 30 Minuten kalt stellen. Danach

- beide Teile 3 mm dick ausrollen, den gelben Teig mit Eiweiß bestreichen, dunklen Teig darauflegen, zu einer Roulade zusammenrollen, kalt stellen und in 3–4 mm dicke Scheiben schneiden;

- aus jedem Teig eine Rolle von ca. 3–4 cm formen, diese zu viereckigen Klötzchen zurechtdrücken, beide Klötze mit Eiweiß aufeinandersetzen, kalt stellen und Scheiben davon abschneiden;

- von beiden Teilen je 2 dünne Rollen formen, zu Klötzen drücken, mit Eiweiß einen schwarzen und einen hellen Klotz nebeneinander und darauf versetzt wieder einen schwarzen und einen gelben Klotz setzen, kalt stellen und schachbrettartige Scheiben abschneiden. (Man kann auch etwas mehr hellen oder dunklen Teig bereiten, je nach Belieben, diesen restlichen Teig dünn ausrollen, mit Eiweiß bestrichen um die Klötze herumlegen, fest andrücken und dann ausschneiden.

Auf ein leicht gefettetes Blech legen und hell backen.

Backhitze: 200 Grad · *Backzeit:* ca. 15 Minuten

Eierplätzchen

250 g Butter · 250 g Puderzucker
4 hartgekochte, durch ein Sieb gestrichene Eigelb
1 rohes Ei · 80 g geschälte, geriebene Mandeln · 2 EL Rum
einige Tropfen Bittermandelöl · 1 Prise Salz
1 Msp geriebene Muskatnuß
abgeriebene Schale von ½ ungespritzten Zitrone · 250 g Mehl
ZUM BESTREUEN:
1 verquirltes Eigelb · 50 g geschälte, gestiftelte Mandeln
Puderzucker

Die Butter sehr schaumig rühren, Zucker, hartgekochte Eigelb, Ei und nach und nach die übrigen Zutaten beimengen und zum Schluß das Mehl. Den Teig gut durcharbeiten und 1 Stunde kalt stellen. Etwa 1 cm dick auf einem leicht bemehlten Brett ausrollen, kleine runde Plätzchen ausstechen, mit Eigelb bepinseln und mit gestiftelten Mandeln bestreuen. Auf ein leicht gewachstes

Blech nicht zu dicht nebeneinandersetzen. In der vorgeheizten Röhre hell backen und dann mit Puderzucker bestreuen.
Diese Plätzchen müssen einige Tage liegen, dann erst sind sie besonders gut.

Backhitze: 180 Grad · *Backzeit:* ca. 20 Minuten

Folgendes Gebäck können Sie schon lange vor den Festtagen zubereiten, es schmeckt dann um so besser. Daher nennt man es

Je länger – je lieber

120 g Butter · 120 g zerlassene, ausgekühlte Butter
130 g Puderzucker · 1 Päckchen Vanillezucker
3 Eigelb · 375 g Mehl
ZUM FÜLLEN:
2–3 EL Sauerkirschmarmelade
ZUM BESTREICHEN:
etwas Zuckerwasser

Butter mit der zerlassenen Butter, dem Zucker und Vanillezucker sehr schaumig rühren, nach und nach die Eigelb daruntermischen und zum Schluß das gesiebte Mehl einarbeiten. Auf dem Brett aus dem Teig kleine, gleichmäßige Kugeln formen und diese auf ein leicht gefettetes Blech setzen. In die Mitte jeder Kugel eine kleine Vertiefung drücken, diese mit Marmelade füllen. Die Kugeln mit dem Finger etwas flachdrücken und jede mit Zuckerwasser bestreichen. Im vorgeheizten Rohr werden sie langsam gebacken.

Backhitze: 180 Grad · *Backzeit:* etwa 20 Minuten

Fleurs de Lys

(Originalrezept um 1800 aus La Rochelle)

250 g Butter · 250 g Puderzucker · 3 Eier
3–4 EL Orangensaft · 500 g Mehl · 1 Prise Salz
ZUM ÜBERZIEHEN:
Orangenglasur (siehe Seite 306)

Butter und Zucker schaumig rühren, Eier, Orangensaft und Salz daruntermischen und das Mehl einarbeiten. Auf dem Brett zu einem zarten, glatten Teig kneten. Diesen zweimesserrückendick ausrollen, Lilien ausstechen und auf einem leicht gefetteten Blech im vorgeheizten Rohr goldgelb backen. Erkaltet mit Orangenglasur überziehen.

Backhitze: 200 Grad · *Backzeit:* ca. 15 Minuten

Weiße Butterringe

200 g Mehl · 140 g Butter · 60 g Zucker
ZUM ÜBERZIEHEN:
Zitronenglasur (siehe Seite 306)

Rasch auf dem Brett einen mürben Teig arbeiten und eine halbe Stunde kalt stellen. Danach ⅓ cm dick ausrollen, Ringe ausstechen und im vorgeheizten Rohr hell backen. Erkaltet glasieren. Nach Wunsch kann man auch eine andere Glasur verwenden.

Backhitze: 200 Grad · *Backzeit:* ca. 20 Minuten

Butternüsse

180 g Butterschmalz · 125 g Zucker

1 Päckchen Vanillezucker · 300 g Mehl · 75 g Mondamin

1 Msp Hirschhornsalz

Butterschmalz, Zucker und Vanillezucker sehr gut verrühren, Mehl, Mondamin und Hirschhornsalz vermischen und durchsieben. Mehlgemisch gut in die Schaummasse einarbeiten. Aus dem Teig kleine kirschgroße Kugeln drehen, nicht zu eng auf ein ungefettetes Blech setzen und hell backen.

Backhitze: 200 Grad · *Backzeit:* ca. 20 Minuten

Schokoladenherzen

140 g Mehl · 140 g Butter · 140 g Zucker

70 g geriebene Schokolade · 2 hartgekochte Eigelb

ZUM ZUSAMMENSETZEN:

etwas Himbeermarmelade

ZUM ÜBERZIEHEN:

Schokoladenglasur (siehe Seite 305)

Sämtliche Zutaten auf dem Brett zu einem glatten Teig verarbeiten und über Nacht stehenlassen. Am anderen Tag messerrückendick ausrollen, Herzen ausstechen, auf ein leicht gefettetes Blech legen und im vorgeheizten Rohr backen. Erkaltet je zwei Herzen mit Marmelade zusammensetzen, glasieren.

Backhitze: 200 Grad · *Backzeit:* ca. 15 Minuten

Anisringe

180 g Mehl · 80 g Butter · 100 g Zucker
2 Eigelb · 10 g feingestoßener Anis
ZUM BESTREICHEN:
1 Eigelb
ZUM BESTREUEN:
etwas grober Zucker

Aus den angegebenen Zutaten einen Knetteig zubereiten und 20 Minuten kalt stellen. Danach ½ cm dick ausrollen, mit Eigelb bestreichen und mit Zucker bestreuen. Auf ein leicht gefettetes Blech legen und im vorgeheizten Rohr hell backen.

Backhitze: 180 Grad · *Backzeit:* ca. 15 Minuten

Buttertaler

300 g Mehl · 300 g Butter · 60 g Puderzucker
2–3 EL Rum · 2 Eigelb
ZUM BESTREICHEN:
1 Eigelb mit 1 EL Milch verquirlt

Am Brett die Butter mit dem Mehl verbröseln und mit den übrigen Zutaten zu einem glatten Teig verarbeiten. 20 Minuten kalt stellen, dann halbfingerdick ausrollen, beliebig große, runde Formen ausstechen, mit Eigelb bestreichen und auf einem leicht gefetteten Blech im vorgeheizten Rohr hell backen.

Backhitze: 200 Grad · *Backzeit:* ca. 15 Minuten

Likörsterne

(Foto Seite 211)

100 g Puderzucker · 320 g Mehl	
1 Prise Salz · 3 Eigelb · 2 EL Aprikosenlikör · 1 Orange	
200 g Butter oder Margarine	
ZUM BESTÄUBEN:	
3 TL Puderzucker	

Puderzucker sieben und mit dem Mehl in einer Schüssel mischen. Eine Mulde in die Mitte drücken, Salz, Eigelb und Likör in die Mulde geben. Die Orange heiß abwaschen, gut abtrocknen und die Schale ohne das Weiße fein abreiben. Die Orangenschale in die Mulde geben, die Butter oder Margarine in Flöckchen auf den Mehlrand setzen. Alle Zutaten mit den Knethaken des Handrührers zu einem sehr weichen Teig verarbeiten. In einen Spritzbeutel mit großer Sterntülle füllen.

Bleche mit Backtrennpapier belegen. Etwa 4 cm große Tupfen auf das Papier spritzen. Die Bleche 1 Stunde sehr kalt stellen. Dann die Likörsterne im vorgeheizten Backofen hellgelb backen. Auf Kuchengitter legen und noch heiß dick mit Puderzucker bestäuben.

Backhitze: 200 Grad · *Backzeit:* 12—15 Minuten

Arrakkränze

250 g Mehl · 125 g Butter · 60 g Zucker · 1 Ei
1 Gläschen Arrak
ZUM BESTREICHEN:
1 Eigelb
ZUM BESTREUEN:
100 g geschälte, gehackte Mandeln, mit 2 EL Zucker vermischt

Aus den angegebenen Zutaten einen Knetteig arbeiten und 30 Minuten kalt stellen. Danach den Teig auf einem bemehlten Brett 3 mm dick ausrollen, Kränze ausstechen, mit verquirltem Eigelb bestreichen, mit Mandelmasse bestreuen und in der vorgeheizten Röhre hell backen.

Backhitze: 200 Grad · *Backzeit:* ca. 12 Minuten

Schokoladenbusserl

140 g Schokolade · 125 g Butter · 150 g geriebene Haselnüsse
140 g Puderzucker · kleine Backoblaten
ZUM BESTREICHEN:
1 Eigelb
ZUM VERZIEREN:
einige geschälte, halbierte Mandeln

Die Schokolade im Wasserbad erweichen und mit der Butter gut abrühren. Haselnüsse und Zucker untermengen und die Masse 30 Minuten kalt stellen. Kleine Kugeln formen, auf Oblaten legen, mit Eigelb bestreichen, jede Kugel mit einer halben Mandel belegen und in der vorgeheizten Röhre mehr trocknen als backen.

Backhitze: 120 Grad · *Backzeit:* ca. 30 Minuten

Gefüllte Sterne

140 g Mehl · 70 g Zucker
1 Päckchen Vanillezucker oder das Ausgeschabte von ½ Vanilleschote
70 g Butter · 2 Eigelb · abgeriebene Schale von ½ Zitrone
½ TL Zimt
ZUM ZUSAMMENSETZEN:
2 EL Johannisbeergelee
ZUM BESTREICHEN:
1 Eigelb
ZUM BESTREUEN:
30 g geschälte, feingehackte Mandeln · Puderzucker

Aus Mehl, Zucker, Vanillezucker oder Vanillemark, Butter und Eigelb einen Knetteig bereiten, mit abgeriebener Zitronenschale und Zimt würzen. 30 Minuten kalt stellen. Danach 2—3 mm dick ausrollen, gleichseitige Dreiecke in beliebiger Größe ausstechen, die Hälfte der Dreiecke mit verquirltem Eigelb bestreichen und mit gehackten Mandeln bestreuen. Auf einem leicht gefetteten Blech im vorgeheizten Rohr hellgelb backen. Vorsichtig vom Blech nehmen. In die Mitte der nicht mit Mandeln bestreuten Dreiecke einen Johannisbeertupfer setzen, darauf ein bestreutes Dreieck so auflegen, daß ein Stern entsteht. Die fertigen Sterne mit Puderzucker bestreuen.

Backhitze: 200 Grad · *Backzeit:* ca. 12 Minuten

Weihnachtssterne

280 g Mehl · 200 g Butter · 50 g Zucker
1 Päckchen Vanillezucker oder das Ausgeschabte von ½ Vanilleschote
4 hartgekochte, durch ein Sieb gedrückte Eigelb
abgeriebene Schale von 1 Zitrone
50 g geschälte, geriebene Mandeln
ZUM BESTREICHEN:
1 Eigelb · 1 EL Milch
ZUM BESTREUEN:
einige geschälte, gehackte Mandeln · Puderzucker

Auf dem Brett Mehl und Butter abbröseln und mit den übrigen Zutaten zu einem glatten Teig verarbeiten. Diesen über Nacht kalt stellen. Am anderen Tag dünn ausrollen, Sterne ausstechen und auf ein leicht gefettetes Blech legen. Eigelb mit 1 EL Milch verquirlen und damit die Sterne bestreichen, mit gehackten Mandeln bestreuen und im vorgeheizten Rohr hellgelb backen. Das Gebäck vorsichtig vom Blech lösen — es ist sehr mürbe — und noch heiß reichlich mit Puderzucker bestreuen.

Backhitze: 200 Grad · *Backzeit:* ca. 12 Minuten

Spitzbuben

400 g Mehl · 250 g Butter · 200 g Zucker · 1 Ei
125 g geriebene Haselnüsse
ZUM FÜLLEN:
beliebige Marmelade
ZUM WENDEN:
Zucker

Aus den angegebenen Zutaten rasch auf dem Brett einen Knetteig herstellen und diesen 30 Minuten kalt stellen. Danach messerrückendick ausrollen, runde, gezackte Plätzchen ausstechen und auf einem leicht gefetteten Blech in der vorgeheizten Röhre hell backen. Noch heiß je zwei mit Marmelade zusammensetzen und in Zucker wälzen.

Backhitze: 200 Grad · *Backzeit:* ca. 15 Minuten

Schokoladen-Spitzbuben

250 g Mehl · 150 g Butter · 70 g Zucker
1 Päckchen Vanillezucker oder das Ausgeschabte von ½ Vanilleschote
Zum Zusammensetzen:
etwas Aprikosenmarmelade
Zum Überziehen:
Schokoladenglasur
Zum Verzieren:
einige Pinienkerne oder geschälte, halbierte Mandeln

Aus den Zutaten auf dem Brett einen mürben Teig kneten und diesen 30 Minuten kalt stellen. Danach messerrückendick ausrollen, runde Scheiben ausstechen und diese auf einem leicht gefetteten Blech hell backen. Noch heiß je 2 Scheiben mit Marmelade zusammensetzen. Erkaltet mit Schokoladenglasur überziehen und mit einem Pinienkern oder ½ Mandel belegen.

Backhitze: 200 Grad · *Backzeit:* ca. 12 Minuten

Arrak-Krapferl

100 g Butter · 100 g Butterschmalz · 3 Eigelb
abgeriebene Schale von 1 Zitrone · 200 g Zucker · 375 g Mehl
ZUM FÜLLEN:
eingemachte Kirschen
ZUM ÜBERZIEHEN:
1 Rezept Arrakglasur (siehe Seite 307)

Butter und Schmalz sehr schaumig rühren, Zucker, Eigelb, abgeriebene Zitrone, Mehl beigeben und den Teig auf dem Brett gut abarbeiten. Kleine gleichmäßige Kugeln formen, diese auf ein leicht gefettetes Blech legen und 2 Stunden kalt stellen. Danach in die Mitte jeder Kugel eine gut abgetropfte Kirsche stecken und das Gebäck im vorgeheizten Rohr hell backen. Nach dem Erkalten mit Arrakglasur überziehen.

Backhitze: 200 Grad · *Backzeit:* ca. 15 Minuten

Ischeler Krapferln

140 g Mehl · 140 g Butter · 70 g Zucker
70 g ungeschälte, geriebene Mandeln
ZUM FÜLLEN:
2 EL Aprikosenmarmelade
ZUM ÜBERZIEHEN:
Schokoladenglasur (siehe Seite 305)
ZUM VERZIEREN:
einige geschälte, grobgehackte Mandeln oder Pistazien

Aus Mehl, Butter, Zucker und Mandeln auf dem Brett einen glatten Teig herstellen und 20 Minuten an einem kühlen Ort ruhen lassen. Den Teig etwa 3 mm dick ausrollen, kleine runde Plätzchen ausstechen und auf einem leicht gefetteten Blech im vorgeheizten Rohr hellgelb backen. Erkaltet je 2 Plätzchen mit Marmelade aufeinandersetzen, mit Schokoladenglasur überziehen und mit gehackten Mandeln oder Pistazien verzieren.

Backhitze: 200 Grad · *Backzeit:* ca. 10 Minuten

Husarenkrapferl

150 g Butter · 70 g Zucker · 1 Päckchen Vanillezucker
2 Eigelb · 250–280 g Mehl
ZUM BESTREICHEN:
1 verquirltes Eigelb
ZUM FÜLLEN:
beliebige Marmelade

Butter, Zucker, Vanillezucker und Eigelb schaumig rühren, mit dem Mehl zu einem glatten Teig verarbeiten und diesen 20 Minuten kalt stellen. Danach auf dem bemehlten Brett eine Rolle formen, gleichmäßige Scheiben abschneiden und diese zu Kugeln drehen. Oben in die Kugel ein Grübchen drücken und den Rand mit Eigelb bestreichen. Auf ein gefettetes Blech setzen und im vorgeheizten Rohr hellgelb backen. Die Grübchen vor oder nach dem Backen mit Marmelade füllen. Füllt man sie vor dem Backen, trocknet die Marmelade etwas ein. Man kann die Krapferl auch einige Tage vor dem Gebrauch backen, in einem geschlossenen Porzellantopf aufbewahren und erst vor Gebrauch mit Marmelade füllen.

Backhitze: 200 Grad · *Backzeit:* ca. 30 Minuten

Griechische Plätzchen

200 g Butter · 60 g Zucker
Ausgeschabtes von ½ Vanilleschote · 300 g Mehl
ZUR FÜLLE:
etwas Marmelade
ZUM WENDEN:
Vanillezucker

Butter, Zucker, Vanillemark sehr schaumig rühren und das gesiebte Mehl einarbeiten. Den Teig 15 Minuten kalt stellen. Danach auf einem bemehlten Brett messerrückendick ausrollen, kleine runde Scheiben ausstechen und im vorgeheizten Rohr auf einem leicht gefetteten Blech hell backen. Je zwei mit Marmelade zusammensetzen und noch heiß in Vanillezucker wälzen.

Backhitze: 200 Grad · *Backzeit:* ca. 12 Minuten

Mürbes Buttergebäck

250 g Mehl · 50 g Zucker · 1 Päckchen Vanillezucker
180 g Butter · 4 hartgekochte, durch ein Sieb gedrückte Eigelb
abgeriebene Schale von ½ ungespritzten Zitrone · 1 EL Rum
ZUM BESTREICHEN:
1 Eigelb
ZUM BESTREUEN:
Hagel- oder bunter Zucker (Streuzucker)

Aus den Zutaten einen Knetteig bereiten und 20 Minuten kalt stellen. Danach dünn ausrollen, beliebige Formen oder nur Ringe

v. l. n. r.: *Ingwerringe, Schokoladenplätzchen, Gewürzschnitten*
(Rezepte S. 195, 116, 50)

ausstechen, mit Eigelb bestreichen, mit Zucker bestreuen und im vorgeheizten Rohr hellgelb backen.

Man kann das Gebäck auch ohne Bestreichen mit Eigelb und ohne Bestreuen mit Zucker backen. Nach Wunsch kann man es auch nach dem Backen glasieren.

Backhitze: 200 Grad · *Backzeit:* ca. 10 Minuten

Terrassenkuchen

420 g Mehl · 125 g Zucker · 1 Päckchen Vanillezucker
280 g Butter · abgeriebene Schale von 1 Zitrone
4 hartgekochte und 2 rohe Eigelb
ZUM FÜLLEN:
Marmelade
ZUM BESTREUEN:
Puderzucker

Das Mehl auf ein Brett sieben, darüber Zucker und Vanillezucker geben, darüber die in Flöckchen geschnittene Butter und Zitronenschale. In die Mitte eine Grube drücken und die durch ein Sieb gedrückten Eigelb und die rohen Eigelb hineingeben. Mit Hilfe eines Messers von der Mitte aus alle Zutaten gut mischen und danach den Teig mit den Händen ganz glatt abarbeiten. 15 Minuten kalt stellen. Dann messerrückendick ausrollen und mit drei verschieden großen, runden Formen mit gezacktem Rand Plätzchen ausstechen. Auf einem leicht gefetteten Blech im vorgeheizten Rohr goldgelb backen. Nach dem Erkalten die verschiedenen Größen mit Marmelade zusammensetzen und mit Puderzucker bestreuen.

Backhitze: 200 Grad · *Backzeit:* ca. 10 Minuten

Nürnberger Buttergebäck

500 g Mehl · 250 g Butter · 250 g Zucker · 2 Eier

abgeriebene Schale von 1 Zitrone · 1½ EL Arrak

ZUM WENDEN:

Zimtzucker

Aus den angegebenen Zutaten einen Knetteig bereiten und diesen 30 Minuten kalt stellen. Danach ½ cm dick ausrollen, beliebige Plätzchen ausstechen und auf einem leicht gefetteten Blech im vorgeheizten Rohr hell backen. Vorsichtig vom Blech nehmen und noch heiß — nach Wunsch — in Zimtzucker wälzen.

Backhitze: 200 Grad · *Backzeit:* ca. 12 Minuten

Dieses Gebäck soll mindestens 3 Wochen vor Weihnachten gebacken und in Blechdosen aufbewahrt werden.

Butterplätzchen

250 g Mehl · 200 g Butter · 100 g Zucker · 1 Eigelb

1 EL Rum · abgeriebene Schale von ½ Zitrone

Auf dem Brett rasch alle Zutaten zu einem glatten Knetteig verarbeiten und diesen 30 Minuten kalt stellen. Danach 2—3 mm dick ausrollen, beliebige Plätzchen ausstechen und auf einem leicht gefetteten Blech im vorgeheizten Rohr hellgelb backen.
Diese Plätzchen können vor dem Backen mit Eigelb allein bestrichen oder mit Eigelb bestrichen und buntem Zucker bestreut werden, oder man überzieht sie erkaltet mit einer beliebigen Zuckerglasur.

Backhitze: 200 Grad · *Backzeit:* ca. 12 Minuten

Gefüllte Plätzchen

180 g Mehl · 100 g Butter · 50 g Zucker
1 Päckchen Vanillezucker · 50 g geschälte, geriebene Mandeln
ZUM BESTREICHEN:
1 mit 1 EL Milch verquirltes Ei
einige geschälte, halbierte Mandeln
ZUR FÜLLE:
150 g geschälte, geriebene Mandeln
150 g Puderzucker · Cognac nach Bedarf
abgeriebene Schale von ½ Zitrone

Aus den angegebenen Zutaten einen glatten Teig arbeiten und 20 Minuten kalt stellen. Danach ½ cm dick ausrollen, runde Plätzchen ausstechen und auf ein leicht gefettetes Blech legen. Die Hälfte der Plätzchen mit in Milch verquirltem Ei bestreichen und mit einer halben Mandel belegen. Im vorgeheizten Rohr hellgelb backen. Für die Fülle Mandeln mit Zucker und Zitronenschale vermischen und so viel Cognac zugeben, daß eine streichfähige Masse entsteht. Damit die leeren Plätzchen bestreichen und mit den verzierten bedecken.

Backhitze: 200 Grad · *Backzeit:* ca. 15 Minuten

Totenbeinli

Warum eine Schweizer Weihnachtsbäckerei diese schreckensvolle Bezeichnung trägt, ist nicht ganz klar. Vielleicht, weil sie sich als Dauergebäck bewährt hat und die Hausfrau diese »Guetzli« schon lange vor dem Fest zubereiten kann.

100 g Butter · 250 g Zucker · 3 Eier
250 g geschälte, grobgewiegte Mandeln · 1 Prise Salz
1 TL Zimt · 1 Msp Nelkenpulver · 75 g Mehl
ZUM BESTREICHEN:
1 Eigelb

Butter und Zucker schaumig rühren, nach und nach die Eier einschlagen, dann Mandeln und Gewürze beigeben und zum Schluß das gesiebte Mehl. Den Teig auf dem Brett sehr gut durchkneten, zu einem etwa 4 cm dicken Rechteck ausrollen und über Nacht kühl stellen, damit der Teig fest wird. Am anderen Tag 1 cm dicke und etwa 6 cm lange Streifen schneiden, auf ein leicht gefettetes Blech legen, mit Eigelb bestreichen und im vorgeheizten Rohr backen.

Backhitze: 200 Grad · *Backzeit:* ca. 20 Minuten

Schokoladenmazurek
(Polnische Weihnachtsbäckerei)

300 g Mehl · 125 g Butter · 100 g Zucker · 1 Ei
ZUM BELAG:
2 Eier · 100 g Puderzucker · 100 g geriebene Schokolade
50 g geschälte, feingemahlene Mandeln
50 g Rosinen · 1 EL Mehl

Aus dem Mehl, Butter, Zucker und Ei einen Knetteig bereiten und diesen 20 Minuten kalt stellen. Danach dünn ausrollen, ein leicht gefettetes Blech damit belegen und hell backen.

Backhitze: 200 Grad · *Backzeit:* ca. 15 Minuten

Für den Belag die Eier, Zucker und Schokolade schaumig rühren, Mandeln und Mehl zugeben und die Masse auf den warmen, hell gebackenen Kuchen streichen. Nochmals bei gleicher Backhitze in das Rohr schieben.

Zweite Backzeit: 10 Minuten

Den fertigen Kuchen in beliebige kleine Stücke teilen.

Christrosen

250 g Mehl · ½ TL Backpulver · 125 g Zucker · 125 g Butter
2 Eigelb · abgeriebene Schale von ½ Orange
Zur Fülle:
100 g Puderzucker · 1 Eiweiß
125 g geriebene Walnüsse (ohne Schale)
Zum Bestreichen:
½ Rezept Orangenglasur (siehe Seite 306)

Das Backpulver mit dem Mehl mischen und auf das Brett sieben. Die übrigen Zutaten beigeben, zu einem glatten Knetteig verarbeiten und 30 Minuten kalt stellen. Danach 3 mm dick ausrollen, mit einer Blumenform Plätzchen ausstechen und auf ein leicht gefettetes Blech legen. Die Zutaten für die Fülle alle vermischen, kleine Kugeln daraus formen und in die Mitte jeder Teigblume setzen. Im vorgeheizten Rohr hell backen und erkaltet mit Orangenglasur verzieren.

Backhitze: 200 Grad · *Backzeit:* ca. 20 Minuten

Non-plus-ultra

280 g Mehl · 250 g Butter · 80 g Zucker
1 Päckchen Vanillezucker oder ½ ausgeschabte Vanilleschote
3 Eigelb
ZUM BESTREICHEN:
2 Eiweiß · 160 g Puderzucker
ZUM FÜLLEN:
2–3 EL Aprikosenmarmelade

Aus dem Mehl, Butter, Zucker, Vanillezucker oder -mark und den Eigelb auf dem Brett einen Teig kneten und 30 Minuten kalt stellen. Danach dünn ausrollen und mit einer kleinen runden Form Plätzchen ausstechen. Auf einem leicht gefetteten Blech hell backen. Eiweiß und Zucker ganz dick verrühren und auf jedes Plätzchen ein Häufchen setzen. Bei geringer Hitze nochmals überbacken. Nach dem Erkalten je 2 Plätzchen mit Aprikosenmarmelade zusammensetzen.

Backhitze: 200 Grad ohne Überzug, 150 Grad mit Überzug
Backzeit: ca. 15 Minuten

Mailänderli

Sie sind das beliebteste Weihnachtsgebäck der Schweizer.

500 g Mehl · 500 g Zucker
500 g Butter in kleine Stücke geschnitten · 3 Eier
abgeriebene Schale von 1 ungespritzten Zitrone · etwas Salz
ZUM BESTREICHEN:
1 mit etwas Milch verquirltes Eigelb

Aus den Zutaten auf dem Brett rasch einen Knetteig zubereiten und eine Stunde kalt stellen. Auf leicht bemehltem Brett etwa 3 mm dick ausrollen, Sterne, Herzen und Halbmonde ausstechen, mit Eigelb bestreichen und auf einem leicht gefetteten Blech goldgelb backen.

Backhitze: 200 Grad · *Backzeit:* ca. 10—15 Minuten

Griechische Mandelbirnen

500 g geschälte Mandeln · 250 g Zucker · Vanilleextrakt
3 Eiweiß · 90 g Kuchen- oder Keksbrösel
Gewürznelken · Butter · Orangenblütenwasser
Puderzucker

Die Mandeln mit 30 g Zucker vermischen und sehr fein mahlen. Den übrigen Zucker, Vanilleextrakt, Eiweiß und Kuchenbrösel zugeben. Die Mischung zu einem Teig verkneten. Kleine Stücke abreißen und zu »Birnen« formen; als Stiel in jede Birne eine Gewürznelke stecken. Die Mandelbirnen auf ein gebuttertes Backblech setzen und bei mittlerer Hitze 15 Minuten backen. Abkühlen lassen, kurz in Orangenblütenwasser tauchen und mit Puderzucker bestäuben. (Rezept nach *Barbara Lüdecke*)

Weißes Sandgebäck

(Foto Seite 53)

---

150 g Butter · 1 Ei · 125 g Puderzucker

---

1 EL Zitronensaft · 1 Vanilleschote · 1 Prise Salz

---

150 g Speisestärke · 120 g Mehl · Mehl zum Bearbeiten des Teigs

---

50 g dunkle Kuchenglasur

Die Butter schmelzen. Ei mit Zucker und Zitronensaft mit den Quirlen des Handrührers cremig rühren. Die Vanilleschote aufschlitzen und das Mark herauskratzen. Vanillemark, lauwarme Butter und Salz unter die Zucker-Mischung rühren. Speisestärke und Mehl mischen, mit den Knethaken des Handrührers darunterkneten. Den Teig 1 Stunde kalt stellen.

Mit einem Teelöffel kleine Teigportionen abstechen und mit bemehlten Händen rasch zu Kugeln formen. Die Teigkugeln auf zwei mit Backtrennpapier belegte Bleche setzen und mit einer bemehlten Gabel flachdrücken. Im vorgeheizten Ofen backen.

Die Kuchenglasur erwärmen, in einen Gefrierbeutel füllen, eine Tütenspitze abschneiden. Das abgekühlte Gebäck mit der Glasur verzieren.

Backhitze: 200 Grad · *Backzeit:* 12—15 Minuten

Schokoladenplätzchen

(Foto Seite 107)

---

250 g Haselnußkerne · 250 g Mehl · 40 g Kakaopulver

---

2 gestrichene TL Backpulver · 250 g Butter

---

250 g Zucker · 1 Ei · 1 Prise Salz · 1 Vanilleschote

---

50 g Pistazien · 100 g Nußnougat

Die Haselnüsse mahlen. Das Mehl auf die Arbeitsfläche schütten und in die Mitte ein Mulde drücken. Kakaopulver auf den Mehlrand sieben. Nüsse und Backpulver auf dem Mehlrand verteilen. Butter, Zucker, Ei, Salz und das Mark der Vanilleschote in die Mulde geben. Von der Mitte aus alles zu einem Teig verkneten. Den Teig in 7 gleiche Stücke teilen und jedes Stück auf der bemehlten Arbeitsfläche zu einer 30 cm langen Rolle formen. 1—1½ Stunden kühl stellen.

Bleche mit Backtrennpapier auslegen. Pistazien grob hacken. Jede Teigrolle in 18 Scheiben schneiden. Die Scheiben zu Kugeln formen, in 2 cm Abstand auf die Bleche setzen. Die Oberfläche etwas eindrücken. Im vorgeheizten Ofen backen. Die Plätzchen vom Blech lösen und auskühlen lassen. Den Nougat leicht erwärmen und in einen Spritzbeutel mit kleiner Lochtülle füllen. Auf jedes Plätzchen einen kleinen Tupfen spritzen und in die Pistazien drücken.

Backhitze: 175 Grad · *Backzeit:* ca. 15 Minuten

Schokoladenstangen

(Foto Seite 71)

---

50 g Walnußkerne · 240 g Butter · 120 g Puderzucker

---

1 Prise Salz · 1 Ei und 1 Eigelb · 320 g Mehl · 20 g Kakaopulver

---

200 g halbbittere Kuvertüre · 100 g dunkle Kuchenglasur

Die Walnußkerne durch die Mandelmühle drehen. Butter, Puderzucker und Salz mit den Quirlen des Handrührers schaumig rühren. Dabei Ei und Eigelb zugeben. Das Mehl mit dem Kakaopulver sieben und unter die Schaummasse rühren. Backbleche mit Backtrennpapier belegen. Die Masse in einen Spritzbeutel mit großer Lochtülle füllen und im Abstand von 3–4 cm etwa 6 cm lange Stangen auf das Blech spritzen. Im vorgeheizten Ofen 3 Minuten backen. Dann das Blech herausnehmen, die Nüsse über die Plätzchen streuen und weitere 12–15 Minuten backen. Kuvertüre und Kuchenglasur grob hacken und im warmen Wasserbad schmelzen, gut verrühren. Die flache Seite der Stangen dick damit bestreichen, fest werden lassen. Aus Pergamentpapier eine Spritztüte mit kleiner Öffnung formen und über die Nüsse feine Linien spritzen.

Backhitze: 175 Grad · *Backzeit:* 15–18 Minuten

Nußplätzchen

(Foto Seite 247)

---

150 g Haselnußkerne · 150 g Butter · 150 g Zucker

---

2 Eigelb · 150 g Mehl · 1 TL Zitronensaft

Zum Verzieren:

---

ca. 40 Haselnußkerne

Die Haselnußkerne in der Mandelmühle fein mahlen. Die gemahlenen Nüsse mit der weichen Butter, Zucker, Eigelb, Mehl und Zitronensaft rasch zu einem glatten Teig verkneten. Zu einer Rolle formen und für mindestens eine Stunde in den Kühlschrank stellen. Dann auf einer bemehlten Arbeitsfläche ca. 3 mm dick ausrollen. Mit einem gewellten Ausstecher von ca. 4 cm Durchmesser die Plätzchen ausstechen. Auf ein leicht bemehltes oder mit Backtrennpapier ausgelegtes Blech setzen. Haselnußkerne halbieren, auf jedes Plätzchen eine Hälfte setzen. Im vorgeheizten Ofen backen.

Backhitze: 200 Grad · *Backzeit:* 8—10 Minuten

Zitronenplätzchen

150 g Butter · 300 g Zucker · 3 Eier
Saft und abgeriebene Schale von 1 Zitrone · 500 g Mehl
ZUM VERZIEREN:
kleine Würfel oder Streifen aus Zitronat

Butter, Zucker, Eier schaumig rühren, Zitronensaft und -schale beigeben und das Mehl in den Teig einarbeiten. Kleine Häufchen auf ein gefettetes, mit Mehl bestäubtes Blech setzen, jedes Häufchen mit Zitronat garnieren und im vorgeheizten Rohr hellgelb backen.

Backhitze: 180 Grad · *Backzeit:* ca. 15 Minuten

Nußknacker

(Foto Seite 247)

---

600 g Haselnußkerne · 50 g Speisestärke

---

1 TL abgeriebene Schale von 1 unbehandelten Zitrone

---

1 TL Ceylon-Zimt · 1 Prise Salz · 2 Eier

---

4 Eigelb · 250 g Puderzucker · 70 runde Backoblaten (4 cm Ø)

---

150 g halbbittere Kuvertüre

---

200 g Haselnußkerne durch die Mandelmühle drehen. Die restlichen Kerne grob hacken. Speisestärke, Zitronenschale, Zimt und Salz unter die gemahlenen Nüsse mischen. Eier, Eigelb und Puderzucker im warmen Wasserbad mit den Quirlen des Handrührers auf höchster Stufe in 6—8 Minuten zu einer weißlichen, cremigen Masse aufschlagen. Die Nußmischung und die gehackten Nüsse unter die Eimasse rühren.

Die Backoblaten auf das Backblech setzen, ein Blech reicht für etwa 35 Oblaten. Jeweils einen Teelöffel von der Masse abstechen und auf die Oblate setzen. Im vorgeheizten Ofen backen. Vom Backblech nehmen und auskühlen lassen.

In der Zwischenzeit die Kuvertüre im warmen Wasserbad auflösen, aus dem Wasserbad nehmen, erkalten lassen, bis sie fast fest ist. Wieder erwärmen, bis sie eben flüssig ist. In eine Spritztüte füllen. Die Kuvertüre in dünnen Fäden auf die Plätzchen spritzen.

Backhitze: 150 Grad · *Backzeit:* 15—18 Minuten

Rosinenbusserln

---

60 g Butter · 100 g Zucker · 2 Eier · 80 g Schokoladenpulver

---

250 g Mehl, vermischt mit ½ Päckchen Backpulver

---

100 g Rosinen · etwas Rum

Butter, Zucker und Eier schaumig rühren, Schokoladenpulver und das mit dem Backpulver vermischte Mehl beigeben. Rosinen in Rum tränken, danach in etwas Mehl wälzen und in den Teig einarbeiten. Kleine Kugeln formen, auf ein gefettetes, mit Mehl bestäubtes Blech setzen und im vorgeheizten Rohr backen.

Backhitze: 200 Grad · *Backzeit:* ca. 20 Minuten

Weichselbusserln

---

80 g Butter · 50 g Zucker · 1 Päckchen Vanillezucker

---

2 Eigelb · abgeriebene Schale von ½ Zitrone

---

50 g Kaba oder Nesquick · 1 gestrichener TL Zimt

---

je 1 Msp Nelkenpulver und Muskatblüte · 100 g Mehl

---

100 g gemahlene Mandeln · Oblaten · Weichselkonfitüre

Butter, Zucker, Vanillezucker und Eigelb schaumig rühren, nach und nach die übrigen Zutaten in die Schaummasse einarbeiten. Den Teig 30 Minuten kalt stellen. Danach kleine Kugeln formen, jede Kugel auf eine Oblate setzen, in die Mitte etwas Weichselkonfitüre drücken und die Busserln im vorgeheizten Rohr backken.

Backhitze: 200 Grad · *Backzeit:* ca. 15 Minuten

Kirschplätzchen

(Foto Seite 53)

---

1 Glas Amarenakirschen (260 g EW) · 3 EL Weinbrand

abgeriebene Schale von ½ unbehandelten Zitrone

100 g gemahlene Mandeln · 300 g Marzipanrohmasse · 1 Eiweiß

300 g Puderzucker · 100 g Butter · 150 g Mehl

70 g Zucker · 1 Prise Salz · 1 Ei · 70 g abgezogene Mandeln

Die Kirschen in einem Sieb abtropfen lassen, dann hacken und mit 1 EL Weinbrand, Zitronenschale und den gemahlenen Mandeln verrühren. Das Marzipan mit Eiweiß und 200 g Puderzucker verkneten und kalt stellen.

Die Butter in Stücke teilen und mit Mehl, Zucker, Salz und Ei mit den Knethaken des Handrührers zu einem glatten Teig verarbeiten. Den Teig auf ein gefettetes Backblech streichen (40 × 30 cm Fläche). Die Kirschmasse gleichmäßig darauf verteilen. Das Marzipan auf der bemehlten Arbeitsfläche in Blechgröße ausrollen, auf die Kuchenrolle wickeln und über dem Blech abrollen.

Den Rost längs und quer übers Blech legen und mit dem Messer an den Stäben entlang Quadrate in die Marzipanschicht schneiden. Im vorgeheizten Ofen backen. Das Gebäck durchschneiden und auskühlen lassen.

Aus Puderzucker und Weinbrand einen Guß rühren, die Mandeln spalten. Das abgekühlte Gebäck mit dem Guß bestreichen und mit Mandeln belegen.

Backhitze: 200 Grad · *Backzeit:* 10—15 Minuten

Sesamsterne

(Foto Seite 89)

125 g Sesamsaat · 150 g Mehl · 100 g Zucker · 1 Prise Salz
abgeriebene Schale von 1 unbehandelten Zitrone
1 Prise Nelken (gemahlen) · 125 g Butter · 1 Ei · 100 g Mandeln
ZUM BESTREICHEN:
2 Eigelb

Die Sesamsaat mit dem Schneidestab des Handrührers oder in der Mohnmühle mahlen. Mit Mehl, Zucker, Salz, Zitronenschale und Nelken mischen. Auf die Arbeitsfläche schütten und in die Mitte eine Mulde drücken. Die Butter in Flöckchen auf den Rand legen, das Ei in die Mulde geben. Alles zu einem glatten Teig verkneten. Den Teig 30 Minuten kühl stellen.

Die Arbeitsfläche mit etwas Mehl bestäuben und den Teig ca. 4 mm dick ausrollen. Die Sterne ausstechen und auf ein mit Backtrennpapier ausgelegtes Backblech setzen. Noch einmal kühl stellen.

Die Mandeln mit kochendem Wasser überbrühen, die Haut abziehen. Die Mandeln halbieren und drei Hälften auf einen Stern setzen. Die Eigelb mit 1 TL Wasser verrühren und die Plätzchen damit bestreichen. Im vorgeheizten Ofen backen. Auf einem Kuchengitter auskühlen lassen.

Backhitze: 175 Grad · *Backzeit:* 15–20 Minuten

Sonnenblumenplätzchen

---
250 g Weizenmehl · 200 g Honig · 1 Prise Salz

---
1 Ei · 250 g Butter · 200 g Sonnenblumenkerne (geschält)

---
2 EL Schlagsahne · 1 unbehandelte Zitrone

Mehl in die Rührschüssel geben, 70 g Honig, Salz und Ei dazugeben. 150 g Butter in Flöckchen darauf verteilen. Mit den Knethaken des Handrührers zu einem glatten Teig verarbeiten, zugedeckt mindestens 1 Stunde kalt stellen.

Die Sonnenblumenkerne in der Mischung aus restlicher Butter und Honig aufkochen, Sahne dazugeben. Im offenen Topf 10 Minuten ganz leise kochen, dann auskühlen lassen.

Teig auf der bemehlten Arbeitsfläche ½ cm dick ausrollen, Kreise von 5 cm ausstechen. Die Kreise auf zwei mit Backtrennpapier belegte Bleche setzen, die Sonnenblumenkern-Mischung daraufhäufen. Die Plätzchen im vorgeheizten Ofen goldgelb backen.

Die Zitrone waschen und dünn schälen. Die Schale fein hacken und auf die Mitte der heißen Plätzchen streuen.

Backhitze: 200 Grad · *Backzeit:* 8–15 Minuten

Haferflockenstängli
(Foto Seite 125)

---
150 g Butter · 100 g Zuckerrübensirup · 300 g Haferflocken

---
175 g brauner Zucker

Butter und Sirup bei milder Hitze schmelzen. Haferflocken mit dem braunen Zucker mischen, zum Buttersirup geben und alles gut miteinander verrühren. Den Topf vom Herd nehmen. Das Backblech fetten und die Haferflockenmasse so zu einem Quadrat von 30 × 30 cm daraufstreichen, daß es von zwei Blechkanten begrenzt wird. Einen mehrfach gefalteten Streifen Alufolie um die beiden offenen Seiten des Quadrats legen, damit der Teig nicht auseinanderlaufen kann. Im vorgeheizten Ofen backen. Die Teigplatte etwas abkühlen lassen, vom Blech herunternehmen und auf einem Backbrett in schmale lange Streifen schneiden.

Backhitze: 175 Grad · *Backzeit:* ca. 25 Minuten

Buchweizenkekse
(Foto Seite 35)

30 g Buchweizen (geschrotet) · 100 g Buchweizenmehl
150 g Weizenmehl · 75 g Zucker · 1 Päckchen Vanillinzucker
1 Prise Salz · 50 g Mohn (frisch gemahlen)
180 g Butter oder Margarine
125 g schwarzes Johannisbeergelee

Buchweizenschrot, Buchweizen- und Weizenmehl, Zucker, Vanillinzucker, Zucker und Mohn zusammen in eine Schüssel geben. Kalte Butter oder Margarine in kleinen Flöckchen darübergeben. Das Ganze zu einem festen, glatten Teig verkneten. Auf einer bemehlten Arbeitsfläche kurz noch einmal durchkneten. Den Teig in 4 gleich große Stücke teilen und daraus je eine Teigrolle von 18 cm Länge formen. Mit Klarsichtfolie abgedeckt 30 Minuten kalt stellen.

Von der Rolle 1 cm breite Streifen schneiden, zu Kugeln formen und mit einem Stift in die Mitte eine Vertiefung drücken. Auf ein mit Backtrennpapier belegtes Blech legen. Im vorgeheizten Backofen backen.

Johannisbeergelee mit einem Schneebesen glattrühren und in einen Gefrierbeutel füllen. Eine Spitze des Beutels so knapp abschneiden, daß ein sehr kleines Loch entsteht. Die Vertiefungen in den Plätzchen mit Gelee füllen.

Backhitze: 175 Grad · *Backzeit:* 18–20 Minuten

v.l.n.r.: *Orangenplätzchen, Marzipan-Nuß-Würfel, Haferflockenstängli*
(Rezepte S. 137, 280, 123)

Haferflockenkekse
(Foto Seite 265)

---

65 g Butter · 125 g kernige Haferflocken

---

125 g getrocknete Datteln · 1 Ei · 50 g Zucker

---

1 Päckchen Vanillinzucker

Butter in einer Pfanne schmelzen, Haferflocken kurz darin anrösten, abkühlen lassen. Die Datteln entsteinen, in kleine Würfel schneiden. Mit Haferflocken, Ei, Zucker und Vanillinzucker mischen. Mit zwei Teelöffeln kleine Häufchen auf ein gefettetes Blech setzen und backen.

Backhitze: 175 Grad · *Backzeit:* 15—20 Minuten

Shortbread
(Foto Seite 89)

---

250 g gesalzene Butter · 125 g Puderzucker

---

2 Pakete Vanillezucker · 125 g Speisestärke · 250 g Mehl

---

1 Ei · 100 g gehackte Mandeln

Blech mit Backtrennpapier auslegen. Butter, Puderzucker und Vanillezucker mit dem Kochlöffel nur so lange rühren, bis Butter und Zucker gut miteinander vermischt sind. Speisestärke und Mehl zur Buttermasse geben und so lange kneten, bis ein geschmeidiger Teig entsteht. Die Arbeitsfläche mit etwas Mehl bestäuben und den Teig zu einem Viereck von 30 cm mal Breite des Bleches ausrollen. Auf das Backblech legen. Das Ei gut verquirlen und die Teigplatte damit bestreichen. Die Mandeln darüberstreuen und leicht andrücken. Im vorgeheizten Ofen backen. Sofort in 6 Streifen von je 5 cm Breite schneiden und jeden in Rhomben schneiden.

Backhitze: 175 Grad · *Backzeit:* 20 Minuten

Walnußstangen
(Foto Seite 89)

---

250 g Walnußkerne · 250 g Mehl · 1 Prise Salz · 120 g Zucker

2 EL Rum · 200 g Butter · 1 Eigelb · 1 EL Milch

---

100 g Walnußkerne mahlen. Mit Mehl und Salz mischen und auf die Arbeitsfläche schütten. In die Mitte eine Mulde drücken. Zucker und Rum in die Mulde geben, die Butter in Flöckchen auf den Mehlrand setzen. Alle Zutaten zu einem Teig verkneten. Die Arbeitsfläche mit etwas Mehl bestäuben, den Teig zu einem Rechteck von 24 × 15 cm ausrollen. Die Teigplatte längs und quer in 60 kleine Rechtecke schneiden und in ca. 3 cm Abstand auf ein mit Backtrennpapier ausgelegtes Backblech legen. Eigelb mit Milch verquirlen und die Plätzchen damit bestreichen. Die restlichen Walnußkerne vierteln und die Plätzchen damit garnieren. Im vorgeheizten Backofen backen. Sofort vom Blech lösen und auf einem Kuchengitter auskühlen lassen.

Backhitze: 180 Grad · *Backzeit:* 12—15 Minuten

Maronenschnitten

(Foto Seite 247)

200 g Walnußkerne · 200 g halbbittere Kuvertüre
75 g abgezogene Pistazien · 100 g Mehl · 1 Päckchen Backpulver
1 TL Koriander, gemahlen · 1 TL Nelken, gemahlen
1 TL Zimt, gemahlen · 1 Vanilleschote · 250 g weiche Butter
450 g Maronenpüree · 1 Prise Salz · 175 g Puderzucker
2 Eier · 3 Eigelb · 200 g abgezogene Mandeln
200 g Milchkuvertüre

Die Walnußkerne durch die Mandelmühle drehen. Kuvertüre in kleine Würfel schneiden, Pistazien grob hacken. Mehl, Backpulver, Koriander, Nelken und Zimt mit den vorbereiteten Nüssen und den Kuvertürewürfeln mischen. Die Vanilleschote aufschneiden und das Mark herauskratzen. Das Vanillemark, Butter, Maronenpüree, Salz und Puderzucker mit den Quirlen des Handrührers auf höchster Stufe zu einer schaumigen Masse aufschlagen. Eier und Eigelb nach und nach unterrühren. Das Backblech fetten und dünn mit Mehl bestäuben oder mit Backtrennpapier auslegen. Die Mehl-Nuß-Mischung unter die Butter-Maronen-Mischung rühren. Die Masse gleichmäßig auf ein Backblech streichen und im vorgeheizten Ofen backen. Die Mandeln auf einem Backblech verteilen und im noch heißen Backofen in 8—10 Minuten hellbraun rösten. Die Teigplatte auf dem Blech auf ein Kuchengitter stellen und ganz auskühlen lassen. Die Milchkuvertüre im warmen Wasserbad auflösen, aus dem Wasserbad nehmen, erkalten lassen, bis sie fast fest ist. Wieder erwärmen, bis sie eben flüssig ist. Die Teigplatte mit einer Palette oder einem breiten Messer damit bestreichen. Ein bißchen fest werden lassen. Dann die Platte in 120 kleine Rechtecke schneiden. Die Mandeln halbieren und in jedes Rechteck eine Hälfte setzen.

Backhitze: 200 Grad · *Backzeit:* 18—20 Minuten

Orangenbrötli

(Foto Seite 229)

150 g Orangeat · 4 Eier · 350 g Puderzucker		
450 g Mehl · 1 Prise Salz		
1 TL abgeriebene Schale von 1 unbehandelten Orange		
1 TL abgeriebene Schale von 1 unbehandelten Zitrone		
ZUM BESTREICHEN:		
2 Eigelb · 1 EL Milch		

Das Orangeat fein hacken. Eier und Puderzucker mit den Quirlen des Handrührers schaumig aufschlagen. Mehl, Salz, Orangen- und Zitronenschale und 100 g Orangeatwürfel unter den Eierschaum rühren. Den Teig mindestens 3 Stunden kühl stellen.

Die Arbeitsfläche mit Mehl bestäuben, den Teig in vier Teile schneiden und zu fingerdicken Rollen formen. Jede Rolle in 20 5 cm lange Stücke schneiden. Jedes Stück noch etwas nachmodellieren, so daß kleine längliche Brote entstehen. Backbleche mit Backtrennpapier belegen. Die Brötli darauflegen, mit einem scharfen Messer ein paarmal quer einritzen. Eigelb mit der Milch verquirlen. Die Brötli damit bestreichen, mit dem restlichen Orangeat bestreuen und backen. Mit dem Backtrennpapier vom Blech ziehen und auskühlen lassen.

Backhitze: 175 Grad · *Backzeit:* 15—20 Minuten

Butter-S

125 g Butter · 3 Eigelb · 2 Eier · 250 g Zucker
Saft und abgeriebene Schale von ½ Zitrone · 500 g Mehl
ZUM BESTREICHEN:
1 verquirltes Eigelb
ZUM BESTREUEN:
Hagelzucker

Die Butter schaumig rühren, die übrigen Zutaten untermischen, Teig zu langen Würstchen rollen, etwa 8 cm lange Stücke abschneiden und zu S formen. Auf ein gefettetes Blech legen, mit Eigelb bestreichen, dick mit Hagelzucker bestreuen und über Nacht in einen kühlen Raum stellen. Im vorgeheizten Rohr hell backen.

Backhitze: 200 Grad · *Backzeit:* ca. 15 Minuten

Spritzgebäck
(Foto Seite 265)

150 g Butter · 100 g Zucker · 1 Päckchen Vanillezucker
1 Eiweiß · 200 g Mehl

Butter schaumig rühren, dann den Zucker, Vanillezucker und das ungeschlagene Eiweiß beifügen und die Masse etwa 20 Minuten rühren. Das Mehl untermengen, den Teig in eine Teigspritze mit großer Tülle füllen und verschiedene Formen auf ein gefettetes, leicht bemehltes Blech spritzen. Im vorgeheizten Rohr hellgelb backen.

Backhitze: 200 Grad · *Backzeit:* ca. 15 Minuten

Um das Spritzgebäck abwechslungsreicher zu gestalten, kann man die Enden der Plätzchen in geschmolzene Kuvertüre tauchen.

Gespritztes Mandelgebäck

300 g Butter · 250 g Zucker · 1 Ei · 1 Eigelb
125 g geschälte, gemahlene Mandeln
einige Tropfen Bittermandelöl
500 g Mehl, vermischt mit ½ Päckchen Backpulver

Butter, Zucker, Ei und Eigelb schaumig rühren, Mandeln und Bittermandelöl zugeben, dann nach und nach das mit dem Backpulver vermischte Mehl. Diesen geschmeidigen Teig in einen Spritzsack mit großer Tülle füllen und auf ein gefettetes, leicht bemehltes Blech beliebige Formen, wie: Ringe, Kränze, Katzenzungen, Hufeisen usw., spritzen. Im vorgeheizten Rohr hell backken.

Backhitze: 200 Grad · *Backzeit:* ca. 15 Minuten

Alle diese Formen kann man vor dem Backen mit Eigelb bestreichen, mit Buntzucker, Hagelzucker, Schokoladenstreuseln oder Mandelsplittern bestreuen oder nach dem Backen ganz oder teilweise mit einer bunten Glasur bestreichen.

Teufelszungen

140 g Mehl · 30 g Butter · 140 g Zucker

2 steifgeschlagene Eiweiß · abgeriebene Schale von ½ Zitrone

je 1 Prise Zimt, Nelken, Piment und Muskat

ZUM BESTREICHEN:

etwas Zitronensaft

ZUM BELEGEN:

einige halbierte Mandeln

Butter mit Mehl abbröseln und auf dem Brett die übrigen Zutaten und Gewürze einarbeiten. Den Teig ½ cm dick ausrollen,
schräge Vierecke ausradeln, mit Zitronensaft bestreichen, mit einer halben Mandel verzieren. Auf ein leicht gefettetes Blech legen
und backen.

Backhitze: 200 Grad · *Backzeit:* ca. 20 Minuten

Mandelplätzchen
(Foto Seite 265)

175 g Mehl · 1 Eigelb · 50 g Puderzucker

100 g Marzipanrohmasse · 100 g Butter

ZUM BELEGEN:

ca. 30 g gehäutete Mandeln

ZUM BESTREICHEN:

1 Eigelb

Mehl auf die Arbeitsfläche schütten, in die Mitte eine Mulde
drücken. Eigelb und Puderzucker hineingeben. Marzipanroh-

masse und Butter in Flöckchen auf den Rand setzen. Von der Mitte aus alle Zutaten zu einem glatten Teig verkneten. 30 Minuten kühl stellen.

Teig zu zwei Rollen à 30 cm Länge formen, jede Rolle in ca. 15 Scheiben schneiden und zu Kugeln formen. Die Kugeln auf ein mit Backtrennpapier belegtes Blech legen. Auf jedes Plätzchen eine Mandel drücken. Eigelb mit Wasser verquirlen, die Plätzchen damit bepinseln.

Im vorgeheizten Backofen backen.

Backhitze: 175 Grad · *Backzeit:* 10—15 Minuten

Haselnuß-Kokos-Plätzchen
(Foto Seite 211)

---

200 g Haselnußkerne, gemahlen · 100 g Kokosraspeln

2 Vanilleschoten · 200 g Mehl · 1 Prise Salz · 3 Eigelb

150 g Zucker · 100 g Butter oder Margarine

80 g Puderzucker · ½ Eiweiß · 1 EL Zitronensaft

75 g halbbittere Kuvertüre

Die Kokosraspeln in einer Pfanne ohne Fett unter Wenden hellbraun rösten. Die Vanilleschoten mit einem scharfen Messer der Länge nach aufschneiden und das Mark herauskratzen. Haselnußkerne und Kokosraspeln mit Butter, Salz, Eigelb, Vanillemark, Zucker und Butterflöckchen zu einem Teig verkneten und 30 Minuten kalt stellen. Dann Kugeln von etwa 4 cm Durchmesser formen und auf mit Backtrennpapier belegte Bleche setzen. Den leicht bröseligen Teig auf das Papier drücken und eine Vertiefung in die Mitte drücken. Die Bleche 10 Minuten kalt stellen.

Puderzucker, Eiweiß und Zitronensaft mit den Quirlen des Handrührers in 8—10 Minuten zu einer dicken Masse aufschlagen. In einen Spritzbeutel mit kleiner Lochtülle füllen. In jede Vertiefung der Teigkugeln einen Tupfer Baisermasse spritzen. Dann im vorgeheizten Ofen backen. Auf Kuchengittern auskühlen lassen.

Kuvertüre temperieren, die Unterseite der Plätzchen in die Kuvertüre tauchen. Auf Kuchengittern trocknen lassen.

Backhitze: 175 Grad · *Backzeit:* 15—20 Minuten

Schokokekse

(Foto Seite 159)

---

150 g getrocknete Früchtemischung · 4 EL Rum

250 g Mehl · 50 g Kakaopulver · 100 g Zucker · 1 Prise Salz

1 Päckchen Vanillinzucker · 125 g Butter · 1 Ei

150 g weiße Kuvertüre · 10 g Kokosfett · 50 g Borkenschokolade

---

Die Früchtemischung grob hacken, mit Rum und 2 EL heißem Wasser über Nacht einweichen.

Mehl, Kakao, Zucker, Salz und Vanillinzucker in einer Schüssel mischen. Butter in Flöckchen daraufsetzen. Das Ei dazugeben und alles mit den Knethaken des Handrührers zu einem glatten Teig verarbeiten. 1 Stunde kalt stellen.

Den Teig halbieren. Jede Hälfte zu einem Rechteck von 30 × 21 cm ausrollen. Die Früchtemischung auf eine Teigplatte streichen, die andere Teigplatte darauflegen. In Quadrate von 3 × 3 cm schneiden, auf mit Backtrennpapier belegte Bleche setzen und backen. Auf einem Kuchengitter auskühlen lassen.

Weiße Kuvertüre und Kokosfett im Wasserbad schmelzen. Die Plätzchen mit der Oberseite in die Schokolade tauchen. Die Borkenschokolade über die Plätzchen bröseln. Die Glasur trocknen lassen.

Backhitze: 200 Grad · *Backzeit:* 10—15 Minuten

Pistazienhäufchen

(Foto Seite 159)

---

100 g ganze geschälte Mandeln · 2 Eiweiß · 1 Prise Salz

---

100 g Zucker · 1½ Zitronen mit unbehandelter Schale

---

75 g Pistazienkerne (gemahlen) · 2 EL Hartweizengrieß

Die Mandeln durch die Mandelmühle drehen. Eiweiß mit Salz zu steifem Schnee schlagen, dabei nach und nach den Zucker dazugeben.
Die Zitronen dünn abreiben. Die Schale mit Pistazien, Mandeln und Grieß mischen und unter den Eischnee heben. Die Masse portionsweise in einen Spritzbeutel mit Sterntülle füllen und etwa 50 Tupfen auf mit Backtrennpapier belegte Bleche spritzen. Im vorgeheizten Ofen goldbraun backen. Auf einem Kuchengitter auskühlen lassen.

Backhitze: 175 Grad · *Backzeit:* 15—18 Minuten

Sesamplätzchen

(Foto Seite 159)

1 Orange · 50 g Sesamsaat (geschält)	
3 EL Schlagsahne · 100 g Zucker · 1 Päckchen Vanillinzucker	
250 g Mehl · 1 Prise Salz · 1 Ei · 150 g Butter	
1 Eigelb · 2–3 EL Puderzucker · 1 TL Zitronensaft	

Die Orange heiß abspülen, mit dem Sparschäler ganz dünn schälen, dann den Saft auspressen. Die Hälfte der Schale sehr fein würfeln. Sesam mit Sahne, 30 g Zucker, Vanillinzucker, gewürfelter Orangenschale und 2 EL Orangensaft 2 Minuten offen kochen. Zur Seite stellen.

Mehl auf die Arbeitsfläche schütten, in die Mitte eine Mulde drücken. Restlichen Zucker, Salz, und Ei in die Mulde geben, die Butter in Flöckchen auf dem Mehlrand verteilen. Alle Zutaten mit einem Messer zusammenhacken, dann mit den Händen zu einem glatten Teig verkneten. In Folie gewickelt 30 Minuten kalt stellen.

Die restliche Orangenschale in feine Streifen schneiden. Eigelb mit 1 EL Wasser verquirlen.

Den Teig auf der bemehlten Arbeitsfläche zu einem Quadrat von 35 × 35 cm ausrollen, in Quadrate von 5 cm Seitenlänge schneiden und auf mit Backtrennpapier belegte Bleche setzen. Etwas Sesammasse in die Quadratmitte geben, zwei gegenüberliegende Teigecken umklappen. Die Plätzchen mit Eigelb bestreichen. Im vorgeheizten Ofen backen. Auskühlen lassen.

Puderzucker mit Zitronensaft verrühren. Etwas Guß auf die Plätzchen geben, mit zwei über Kreuz gelegten Orangenstreifen dekorieren.

Backhitze: 200 Grad · *Backzeit:* 10–15 Minuten

Orangenplätzchen

(Foto Seite 125)

---

1 mittelgroße Orange (unbehandelt) · 100 g Speisestärke

150 g Schmelzflocken · ½ TL Backpulver · 80 g Zucker · 2 Eigelb

1 Prise Salz · 100 g Butter · 1 TL Zitronensaft

150 g Puderzucker · 100 g Orangeat

Die Orange dünn abreiben und den Saft auspressen. Die Speisestärke, Schmelzflocken und Backpulver mischen. Auf die Arbeitsfläche schütten und in die Mitte eine Mulde drücken. Die
Orangenschale und 4 EL Orangensaft, Zucker, Eigelb und Salz
hineingeben. Die Butter in Flocken auf den Rand setzen. Von der
Mitte aus alle Zutaten zu einem Teig verkneten. Den Teig in vier
gleich große Stücke teilen und jedes Stück zu einer 35 cm langen
Rolle formen. Ca. 1 Stunde in den Kühlschrank stellen.
In der Zwischenzeit aus 2 TL Orangensaft, Zitronensaft und Puderzucker eine Glasur rühren und zugedeckt beiseite stellen. Das
Orangeat fein hacken. Jede Teigrolle in ca. 1 cm dicke Scheiben
schneiden und mit 2 cm Abstand auf mit Backtrennpapier ausgelegte Bleche setzen. Im vorgeheizten Ofen backen. Die heißen
Plätzchen mit der Glasur bestreichen und mit etwas Orangeat bestreuen.

Backhitze: 200 Grad · *Backzeit:* 20—25 Minuten

Ingwernüsse

(Foto Seite 283)

---

250 g Honig · 50 g Zucker · 1½ TL Zimt

---

1 TL Nelken · ¾ TL Kardamom · ¼ TL Piment

---

175 g Weizenmehl · 175 g Roggenmehl

½ TL Hirschhornsalz · 2 g Pottasche · 2 EL Milch · 1 Eigelb

ZUR FÜLLUNG UND VERZIERUNG:

---

ca. 300 g Ingwerkonfitüre · 200 g halbbittere Kuvertüre

---

100 g dunkle Kuchenglasur · 60 g kandierter Ingwer

---

1 EL Zucker

Honig mit Zucker und 2 EL Wasser erwärmen, bis sich der Zucker aufgelöst hat. Abkühlen lassen. Zimt, Nelken, Kardamom und Piment mit dem Weizen- und Roggenmehl mischen. Hirschhornsalz und Pottasche getrennt in je 1 EL Milch auflösen. Mehlmischung, Eigelb und die aufgelösten Treibmittel zum Honig geben und alles zu einem geschmeidigen Teig verarbeiten. Über Nacht kalt stellen. Am nächsten Tag die Arbeitsfläche mit Mehl bestäuben und den Teig ½ cm dick ausrollen. Runde Plätzchen mit 4 cm Durchmesser ausstechen. Backbleche mit Backtrennpapier belegen, die Plätzchen darauflegen und im vorgeheizten Ofen backen.

Die Plätzchen vom Backblech ziehen, etwas abkühlen lassen. Dann über Nacht in einer Blechdose aufbewahren, damit sie weich werden. Am nächsten Tag mit einem Sägemesser waagerecht durchschneiden. Auf eine Hälfte Ingwerkonfitüre streichen, die andere Hälfte fest andrücken. Kuvertüre und Kuchenglasur grob hacken und im Wasserbad bei milder Hitze auflösen. Den Ingwer mit dem Zucker hacken. Die Oberseite der Plätzchen in die Glasur tauchen, mit gehacktem Ingwer verzieren. Auf Folie absetzen und fest werden lassen.

Backhitze: 175 Grad · *Backzeit:* 7—8 Minuten

Makronen

Was wäre ein Weihnachtsteller ohne Haselnuß- oder Mandelmakronen, die auf der Zunge zergehen? Sie werden ohne Mehl hergestellt. Typisch für die Makronenmasse ist, daß man Zucker, Mandeln oder Nüsse zu gleichen Teilen verwendet. Dazu gehört noch zu steifem Schnee geschlagenes Eiweiß. Da allerdings Ausnahmen die Regel bestätigen, fangen wie mit der Ausnahme an.

Amaretti

Sie sind eine italienische Spezialität und sozusagen die Urahnen aller anderen Makronen.

300 g süße und 5 g bittere, geschälte Makronen oder 6 Tropfen Bittermandelöl
300 g Puderzucker · 3 Eiweiß
ZUM BESTREUEN:
100 g Puderzucker

Die geschälten Mandeln 1 Tag trocknen lassen und dann sehr fein mahlen. Mandeln, eventuell Bittermandelöl und Zucker vermischen. Die Eiweiß sehr steif schlagen und nach und nach mit den Mandeln vermischen. Der Teig darf nicht zu weich sein. Daraus etwa walnußgroße Kugeln formen und auf ein mit Backpapier belegtes Blech mit größeren Abständen legen. Im Rohr mehr trocknen als backen und noch heiß mit Puderzucker bestreuen.

Backhitze: 120 Grad · *Backzeit:* ca. 20—30 Minuten

Mandelmakronen

3 Eiweiß · 250 g geschälte, geriebene Mandeln

250 g Puderzucker · 1 Msp Zimt · kleine Oblaten

Eiweiß zu steifem Schnee schlagen. Er muß so fest sein, daß man ihn mit dem Messer durchschneiden kann. Mandeln, Zucker und Zimt mischen und löffelweise unter den Eischnee heben. Aus der Masse mit 2 TL Häufchen auf die Oblaten setzen und das Gebäck im schwach vorgeheizten Rohr hell backen.

Backhitze: 140—150 Grad · *Backzeit:* ca. 25 Minuten

Echte Makronen

125 g geschälte, geriebene Mandeln · 125 g Zucker

2 Eiweiß · etwas abgeriebene Zitronenschale

etwas gesüßte Milch

Mandeln und Zucker mit ½ Eiweiß auf dem Herd so lange rühren, bis die Masse zusammenhält. 1½ Eiweiß zu steifem Schnee schlagen und mit der Zitronenschale leicht unter die Mandelmasse arbeiten. Entweder mit 2 Teelöffeln oder durch eine gezackte Tülle mit dem Spritzsack auf das mit Papier belegte Blech kleine Häufchen setzen. Bevor man dieses Gebäck in das sehr schwach vorgeheizte Rohr schiebt, wird es leicht mit kaltem Wasser bespritzt. Sobald die Makronen aus dem Ofen kommen, mit leicht gesüßter Milch bestreichen, damit sie ein glänzendes Aussehen erhalten. Das Papier mit den Makronen auf ein nasses Tuch heben und sie nach einigen Minuten vorsichtig lösen.

Backhitze: 120 Grad · *Backzeit:* ca. 40 Minuten

Schokoladen-Mandel-Makronen

---
6 Eiweiß · 125 g Zucker · 250 g gemahlene Mandeln

---
125 g geriebene Schokolade · ½ TL Zimt

---
abgeriebene Schale von je ½ Zitrone und Orange
(ungespritzte Früchte verwenden!)

Den sehr steifen Eischnee nach und nach mit den angegebenen Zutaten vermischen. Auf ein gefettetes, mit Mehl bestäubtes Blech mit 2 TL kleine Häufchen setzen, im vorgeheizten Rohr backen.

Backhitze: 150 Grad · *Backzeit:* ca. 25—30 Minuten

Kokosmakronen

---
4 Eiweiß · 200 g feiner Zucker · 200 g Kokosflocken

---
fein abgeriebene Schale von ½ Zitrone

Eiweiß zu steifem Schnee schlagen. Er muß so fest sein, daß man ihn mit dem Messer durchschneiden kann. Nach und nach Zukker, Kokosflocken und Zitronenschale leicht unterheben und aus der Masse mit 2 TL kleine Häufchen auf ein gefettetes Blech setzen. Im vorgeheizten Rohr hell backen.

Backhitze: 150 Grad · *Backzeit:* ca. 20 Minuten

Gefüllte Makronen

---

250 g geröstete, geschälte Haselnüsse · 3–4 Eiweiß

250 g Puderzucker

ZUR FÜLLE:

---

100 g geriebene Haselnüsse · 100 g Zucker

1 EL feinstgeschnittenes Orangeat · etwas Zitronensaft

etwas Wasser

ZUM VERZIEREN:

---

etwas feste Marmelade · einige geriebene Pistazien

Die Haselnüsse stoßen, mit dem geschlagenen Eiweiß und dem Zucker vermengen und auf ein mit Papier belegtes Blech Makronen spritzen. Einige Minuten im offenen, danach im geschlossenen Rohr backen. Sobald das Gebäck aus dem Ofen kommt, das Papier auf ein nasses Tuch legen und die Makronen nach einigen Minuten ablösen. Immer je zwei Stück mit Fülle zusammensetzen, obenauf etwas Marmelade geben und mit Pistazien bestreuen.

Backhitze: 120 Grad · *Backzeit* offenes Rohr: 5 Minuten, geschlossenes Rohr: ca. 15 Minuten

Schoko-Makronen
(Foto Seite 35)

---

450 g Marzipanrohmasse · 100 g Puderzucker

9 Eigelb · Mark von 1 Vanilleschote · 45 g Kakaopulver

30 g Pistazien · 200 g weiße Kuvertüre

Marzipan, Puderzucker, Eigelb, das Mark der Vanilleschote und das Kakaopulver mit den Quirlen des Handrührgerätes glattrühren. Die Masse anschließend durch ein Sieb streichen. In einen Spritzbeutel mit Sterntülle füllen und Rosetten auf ein mit Backtrennpapier belegtes Blech spritzen. Im vorgeheizten Ofen backen. Auskühlen lassen.

Die Pistazien hacken. Die Kuvertüre im Wasserbad schmelzen und kühl stellen bis sie dickflüssig ist. Wieder leicht erwärmen, und die Makronen Stück für Stück jeweils bis zur Hälfte in die Kuvertüre tauchen und auf Alufolie setzen. Das Gebäck auf der getauchten Seite mit den Pistazien bestreuen.

Backhitze: 180 Grad · *Backzeit:* 10—12 Minuten

Hagebuttenmakronen

---

4 Eiweiß · 300 g Zucker

300 g geschälte, geriebene Mandeln oder Nüsse

abgeriebene Schale von ½ Zitrone

1 EL Hagebuttenmark · kleine runde Oblaten

In den steifen Eischnee den Zucker und das Hagebuttenmark geben und diese Masse eine halbe Stunde rühren. Bei Verwendung eines elektrischen Handrührgerätes reichen 5—10 Minuten. Zitronenschale, Mandeln oder Nüsse untermengen und mit feuchten Händen kleine, gleichmäßige Kugeln formen, auf Oblaten setzen, mit Puderzucker bestreuen und backen.

Backhitze: 180 Grad · *Backzeit:* ca. 20 Minuten

Makronen aus Amiens
(Französisches Originalrezept)

---

500 g geschälte, feinstgeriebene Mandeln

---

4 Eiweiß · 600 g Zucker · 100 g Honig · kleine, runde Oblaten

---

Eiweiß, Zucker und Honig eine halbe Stunde gut verrühren. Bei Verwendung eines Handrührgerätes reduziert sich die Zeit auf 5—10 Minuten. Danach die Mandeln einrühren, aus der Masse mit nassen Händen nußgroße Kugeln formen, diese auf Oblaten legen, erst bei schwacher, dann bei starker Hitze — sie sollen weich bleiben — goldgelb backen. Je zwei mit etwas Honig zusammensetzen, in Stanniol wickeln und in Blechdosen aufbewahren. 14 Tage vor Gebrauch zubereiten!

Backhitze I: 150 Grad · *Backzeit:* 10 Minuten

Backhitze II: 200 Grad · *Backzeit:* ca. 15 Minuten

Makronentörtchen

---

300 g Mehl · 100 g Butter · 2 TL Backpulver · 1 EL Zucker

---

1 Ei · einige EL kalte Milch

ZUR FÜLLE:

---

125 g geriebene Mandeln oder Nüsse mit 125 g Zucker vermischen und 1 steifgeschlagenes Eiweiß unterziehen

---

ZUM ÜBERZUG:

½ Rezept Zitronenglasur (siehe Seite 306)

ZUM VERZIEREN:

---

einige geschälte Mandeln oder Nüsse

Das Mehl mit dem Backpulver vermischen und auf das Brett sieben. Die Butter in kleine Stückchen darüber schneiden. In der Mitte eine Grube machen, Ei, Zucker und 3 EL Milch hineingeben und von der Mitte her den Teig verarbeiten. Wenn nötig, noch etwas Milch nachgeben. Der Teig muß ganz glatt sein. Eine halbe Stunde ruhen lassen, dann 3 mm dick ausrollen, runde Scheiben ausstechen und auf ein gefettetes Blech legen. Auf jede Scheibe ein Häufchen Fülle geben. Sollte die Makronenmasse zu flüssig sein, mit Semmelbröseln etwas dicken. In die Mitte der Fülle eine halbe Mandel oder Nuß drücken und die Törtchen backen. Erkaltet den Rand der Törtchen glasieren.

Backhitze: 200 Grad · *Backzeit:* ca. 25 Minuten

Makronenhörnchen

---

250 g Mandeln · 250 g Zucker · 3 Eiweiß

Oblaten · etwa 60 g geschälte, feinblättrig geschnittene Mandeln

---

Geschälte, trockene Mandeln fein mahlen und in einer Schüssel mit dem Zucker vermischen. Eiweiß zu steifem Schnee schlagen und die Mitte der Mandel-Zucker-Mischung geben. Von der Mitte aus alles langsam zu einer nicht zu weichen Masse verrühren. Aus dieser kleine Hörnchen formen, jedes auf eine Oblate legen und mit blättrig geschnittenen Mandeln bestreuen. Im vorgeheizten Rohr vorsichtig backen. Wenn die Makronen erkaltet sind, überstehende Oblatenteile abbrechen.

Backhitze: 180 Grad · *Backzeit:* ca. 15 Minuten

Haselnußmakronen

---

2 Eier · 250 g Puderzucker

---

250 g gemahlene Haselnüsse

---

abgeriebene Schale von ½ ungespritzten Zitrone

---

kleine Oblaten

ZUM VERZIEREN:

Haselnüsse

Aus Eiern und Zucker eine Schaummasse herstellen, gemahlene Haselnüsse und abgeriebene Zitronenschale zugeben. Mit nassen Händen kleine, gleichmäßige Kugeln formen, auf Oblaten setzen und mit einer Haselnuß verzieren. Im vorgeheizten Rohr langsam backen.

Backhitze: 180 Grad · *Backzeit:* ca. 15 Minuten

Haselnußmakronen
(mit gerösteten Haselnüssen)

---

250 g gemahlene Haselnüsse (davon die Hälfte geröstet)

---

250 g Zucker · 3–4 Eiweiß

ZUM VERZIEREN:

---

etwa 50 g Haselnüsse

Die Eiweiß zu steifem Schnee schlagen und noch mit dem Zucker eine halbe Stunde rühren. Danach die Nüsse einrühren, die Masse auf ein mit Zucker bestreutes Brett geben und zu einer Wurst formen. Daraus kleine, gleichmäßige Teile schneiden und diese — mit zuckerbestreuten Händen — zu Kugeln formen. Ein Blech mit Papier belegen, die Kugeln daraufsetzen und in die Mitte jeder Kugel eine Haselnuß drücken.

Backhitze: 150 Grad · *Backzeit:* ca. 40 Minuten

Fränkische Makronen

4 Eiweiß · 300 g Puderzucker
1 Päckchen Vanillezucker · kleine Oblaten
je 120 g geschälte, geriebene Mandeln, geriebene Haselnüsse und Kokosraspeln
1 Msp Zimt

Die Eiweiß zu steifem Schnee schlagen und nach und nach den Puderzucker, Vanillezucker und Zimt vorsichtig unterrühren. Unter die Masse die Mandeln, Haselnüsse und Kokosraspeln mischen und mit 2 TL kleine Häufchen auf die Oblaten setzen. In der vorgeheizten Röhre langsam backen.

Backhitze: 150 Grad · *Backzeit:* ca. 20 Minuten

Französische Makronen

4 Eiweiß · 250 g geschälte, geriebene Mandeln
250 g feiner Zucker · 2 Tropfen Bittermandelöl
½ TL Zitronensaft
ZUR VERZIERUNG:
30 g geschälte, in feine Blättchen geschnittene Mandeln
etwas Johannisbeergelee

1 Eiweiß, Mandeln und Zucker auf gelindem Feuer so lange rühren, bis sich die Masse zu einem Kloß verbindet, vom Feuer nehmen und erkalten lassen. Inzwischen die restlichen Eiweiß zu steifem Schnee schlagen und mit Bittermandelöl und Zitronensaft unter die erkaltete Mandelmasse rühren. Mit nassen Händen haselnußgroße Kügelchen formen, je drei zu einer Makrone leicht zusammenpressen und auf ein mit Alufolie belegtes Blech setzen. Jede Makrone mit drei Mandelblättchen verzieren und im vorgeheizten Rohr hell backen. Das fertige, erkaltete Gebäck in der Mitte mit einem Geleepunkt verzieren.

Backhitze: 130 Grad · *Backzeit:* ca. 40 Minuten

Gespritzte Makronen

250 g Marzipanrohmasse (Fertigprodukt) · 3 Eigelb
50 g Zucker · 1 Päckchen Vanillezucker · 20 g Butter
ZUM VERZIEREN:
kandierte, rote und grüne Kirschen

Marzipan, Zucker, Vanillezucker, Eigelb und Butter zu einem glatten Teig verkneten, in einen Spritzbeutel mit Sterntülle füllen und kleine Makronen spritzen. Auf ein gefettetes Backblech setzen, jede Makrone mit ¹/₂ kandierten Kirsche verzieren und im vorgeheizten Rohr goldgelb backen.

Backhitze: 200 Grad · *Backzeit:* ca. 15 Minuten

Orangenmakronen

3 Eiweiß · 250 g Zucker
abgeriebene Schale von 1 ungespritzten Orange
3 EL Orangensaft · 250 g geschälte, geriebene Mandeln
etwa 50 g feine Zwiebackbrösel
Zur Glasur:
¹/₂ Eiweiß · 50 g Puderzucker

Eiweiß und Zucker in einer Schüssel im kochenden Wasserbad so lange schlagen, bis die Masse ganz steif ist. Dann Orangenschale und Orangensaft zugeben und weiter schlagen, bis sich die Masse mit einem Messer schneiden läßt. Die Schüssel aus dem Wasserbad nehmen, Mandeln und Zwiebackbrösel ganz leicht unterheben, nicht rühren! Auf ein gefettetes Blech mit 2 Teelöffeln kleine Häufchen setzen, in die Mitte jeder Makrone eine kleine Vertiefung drücken und mit Glasur füllen. Dafür das halbe Eiweiß steif schlagen und den Puderzucker darin gut verrühren. Im vorgeheizten Rohr langsam backen.

Backhitze: 150 Grad · *Backzeit:* ca. 40 Minuten

Kokos-Orangen-Makronen

250 g Kokosflocken · 250 g Zucker

fein abgeriebene Schale von 1 ungespritzten Orange

1 EL feingeriebenes Orangeat · 3 Eiweiß

kleine Oblaten

Kokosflocken, Zucker, Orangenschale und feingeriebenes Orangeat in einer Schüssel mischen, in der Mitte eine Grube machen und die steifgeschlagenen Eiweiß hineingeben. Von der Mitte aus alles vorsichtig vermengen. Kleine Häufchen auf Oblaten setzen und im vorgeheizten Rohr hell backen.

Backhitze: 150 Grad · *Backzeit:* ca. 10—15 Minuten

Dattelmakronen

3 Eiweiß · 200 g Puderzucker · 1 Päckchen Vanillezucker

150 g geschälte, gehackte Mandeln

150 g entkernte, kleingeschnittene Datteln (konserviert)

3 EL Stärkemehl

Unter die steif geschlagenen Eiweiß nach und nach den Zucker und Vanillezucker schlagen. Auf diese Schaummasse die Mandeln und Datteln geben und das Stärkemehl darübersieben. Alles vorsichtig vermengen, nicht rühren! Auf ein gefettetes Blech mit zwei Teelöffeln kleine Häufchen setzen und im vorgeheizten Rohr langsam backen.

Backhitze: 120 Grad · *Backzeit:* ca. 60 Minuten

Dattelmakronen mit Kokosflocken

(Foto Seite 53)

250 g getrocknete Datteln · 200 g Kokosflocken	
4 EL brauner Rum · 2 Eier · 50 g Butter · 70 g Zucker	
1 Päckchen Vanillinzucker · 50 g Mehl	
1 Eiweiß · 1 Prise Salz	

Die Datteln entsteinen und hacken. Kokosflocken und Datteln mit Rum mischen und zudecken. Die Eier trennen. Butter mit Eigelb, 50 g Zucker und dem Vanillinzucker mit den Quirlen des Handrührers schaumig rühren. Unter ständigem Rühren das Mehl und die Kokosmasse dazugeben. Die drei Eiweiß steif schlagen, den restlichen Zucker und das Salz einrieseln lassen. Eiweiß unter den Teig heben. Aus dem Teig mit zwei Teelöffeln 40 Portionen abstechen und als Häufchen auf zwei mit Backtrennpapier belegte Bleche setzen und backen.

Backhitze: 175 Grad · *Backzeit:* 20—25 Minuten

Basler Brunsli

Dieses Gebäck gehört zu den beliebtesten Weihnachtsbäckereien in der Schweiz und kann mit Nüssen oder Mandeln hergestellt werden.

2 Eiweiß · 250 g Zucker · 250 g geriebene Haselnüsse	
2 EL Kakao · 1 EL Mehl · 1 EL Kirschwasser	

Eiweiß und Zucker schaumig rühren, nach und nach die übrigen Zutaten beigeben und zu einem glatten Teig verarbeiten. Auf einem mit Zucker bestreuten Brett $1\frac{1}{2}$ cm dick ausrollen, verschiedene Formen ausstechen und auf einem gefetteten Blech bei schwacher Hitze backen.

Backhitze: 150 Grad · *Backzeit:* ca. 15 Minuten

Lübecker Marzipanmakronen
(Foto Seite 229)

85 g Kokosraspeln · 2 Eiweiß · 200 g Marzipanrohmasse
2 EL brauner Rum · 125 g Puderzucker
abgeriebene Schale von 1 unbehandelten Zitrone
10 g Zucker · 1 Beutel dunkle Kuchenglasur (100 g)

Die Kokosraspeln in einer trockenen Pfanne bei schwacher Hitze etwas anbräunen. Das Eiweiß steif schlagen. Die Marzipanrohmasse mit dem Rum verkneten, gesiebten Puderzucker, Eischnee, Kokosraspeln und Zitronenschale dazugeben. Alle Zutaten so lange miteinander verrühren, bis eine zähflüssige Masse entsteht.
Ein Backblech mit Backtrennpapier belegen. Masse in einen Spritzbeutel mit großer Lochtülle füllen und walnußgroße Häufchen auf das Blech spritzen. Die Häufchen mit Zucker bestäuben und goldbraun backen. Die Plätzchen sollen innen noch weich sein. Auf einem Kuchengitter auskühlen lassen. Die Kuchenglasur erwärmen, in eine Tasse füllen und die Plätzchen zur Hälfte darin eintauchen. Die Glasur fest werden lassen.

Backhitze: 150 Grad · *Backzeit:* ca. 15 Minuten

Springerle und anderes Eierschaumgebäck

Ein historisches Weihnachtsgebäck ist der *Nürnberger Eierzucker,* auch Marzipan oder Springerle genannt. Er wurde nicht nur in Nürnberg, sondern auch in vielen anderen fränkischen und schwäbischen Städten, hauptsächlich im 17. und 18. Jahrhundert, hergestellt. Auch heute noch wird er in vielen Familien, die schöne alte Model besitzen, aus Holz geschnitzt, oder aus Ton oder Zinn, zum Weihnachtsfest gebacken. Die Model wurden eigens von Modelstechern kunstvoll aus Birn- und Nußbaumholz, in späteren Zeiten auch aus Lindenholz gestochen. Dieses Gewerbe kann man bis in das 13. Jahrhundert zurückverfolgen, und es hat sich bis zum Ausgang der Biedermeierzeit erhalten. Der älteste Bildschmuck bestand in der Hauptsache aus biblischen Motiven und Wappenbildern. Später dann waren es vornehme Barock-Herren und -Damen in kostbaren Gewändern, Handwerker, Bauern, Musikanten, oder Herzen und Rauten mit verschiedenen Ornamenten. Die Patrizier aus Nürnberg ließen gerne ihre Familienwappen in Model stechen. Man benutzte damals diesen ausgedruckten Eierzucker zum gegenseitigen Austausch zwischen befreundeten Familien. Oft wurden auch die Motive bunt bemalt. Es waren richtige kleine Kunstwerke. Als der Christbaum in Mode kam, benutzte man die bunten Eierzucker auch als Christbaumschmuck.

Nürnberger Eierzucker

(Originalrezept)

2 Eier · 250 g Zucker
abgeriebene Schale von 1 ungespritzten Zitrone
1 Msp Hirschhornsalz, in ½ EL Arrak aufgelöst
250 g Mehl

Die Eier und den Zucker zu einer sehr steifen Schaummasse rühren, die Zitronenschale und das aufgelöste Triebmittel hineingeben und den Teig mit dem Mehl auf dem Brett gut abkneten. Eine Stunde ruhen lassen und danach etwa 1 cm dick ausrollen. Die bemehlten Model in den Teig drücken, die Ränder glatt abschneiden und das anhaftende Mehl wegpinseln. Die Teigstücke auf ein gut gewachstes, mit Anis bestreutes Blech legen und das Gebäck über Nacht trocknen lassen. Am anderen Tag in den vorgeheizten Backofen stellen. Richtig gebacken, soll der Eierzucker schöne Füßchen haben, außen hell und knusprig und innen weich sein.

Backhitze: 175 Grad · *Backzeit:* ca. 15 Minuten

Anisplätzchen

4 Eier · 250 g Zucker · 250–300 g Mehl
1 EL Anis (am besten die »doppelt gereinigte« Sorte)

Eier und Zucker sehr schaumig rühren — mit der Hand gerührt, mindestens 30 Minuten —, dann den gereinigten, gewiegten Anis und das leicht erwärmte Mehl dazugeben. Entweder mit zwei

Teelöffeln kleine Häufchen auf ein gewachstes, bemehltes Blech setzen oder den Teig ausrollen und runde, kleine Plätzchen ausstechen. Über Nacht die Plätzchen bei Zimmertemperatur antrocknen lassen (nur so bekommen sie die typischen »Füßchen« und anderntags hellgelb ausbacken.

Backhitze: 160 Grad · *Backzeit:* ca. 25 Minuten

Badener Kräbeli

3 Eier · 250 g Zucker · 1 Päckchen Vanillezucker
250 g Mehl, vermischt mit 1 Msp Backpulver
2 EL gemahlener Anis · abgeriebene Schale von 1 Zitrone

Aus Eiern, Zucker und Vanillezucker eine Schaummasse herstellen und die Gewürze sowie Mehl darunterrühren. Aus dem Teig auf dem Brett fingerdicke Rollen formen, die in etwa 5 cm lange Stücke geschnitten werden. Jedes Stück zweimal einkerben, ein Ende mit dem Daumen etwas breitdrücken und das andere Ende zu einem Halbmond geformt darüberziehen. Das Gebäck auf dem Brett über Nacht trocknen lassen. Am nächsten Tag das Gebäck, dessen Boden vorher mit kaltem Wasser befeuchtet wurde, auf ein gefettetes, gemehltes Blech setzen und im vorgeheizten Rohr hellgelb backen.

Backhitze: 150 Grad · *Backzeit:* etwa 20 Minuten

Wiener Vanillebusserl

5 Eigelb · 350 g mit Vanille gewürzter Puderzucker

Eigelb und Zucker sehr schaumig rühren. Auf ein gefettetes, mit Mehl bestäubtes Blech kleine Häufchen setzen oder spritzen (mit glatter Tülle) und im warmen Rohr nur trocknen lassen.

Backhitze: 100 Grad · *Trockenzeit:* ca. 80 Minuten

Haselnußlaiberl

3 Eier · 375 g Farinzucker · 1 Päckchen Vanillezucker

1 geriebener roher Apfel

500 g geriebene Haselnüsse · kleine runde Oblaten

ZUM VERZIEREN:

halbierte Haselnüsse

evtl. Schokoladenglasur (siehe Seite 305)

Aus Eiern, Zucker und Vanillezucker eine Schaummasse herstellen. Etwas länger als gewöhnlich rühren, weil sich der Farinzucker schwerer auflöst. (Die Küchenmaschine ist dafür sehr geeignet.) Geriebenen Apfel und Haselnüsse untermischen und aus der Masse mit feuchten Händen kleine, gleichmäßige Kugeln formen. Auf Oblaten setzen, mit ½ Haselnuß verzieren und im vorgeheizten Rohr backen. Nach Wunsch mit Schokoladenglasur überziehen.

Backhitze: 180—200 Grad · *Backzeit:* ca. 25 Minuten

Makronenschnitten

(Foto Seite 71)

FÜR DEN MÜRBETEIG:

250 g Mehl · 1 Prise Salz · 1 Päckchen Vanillezucker

75 g Puderzucker · 175 g gekühlte Butter

FÜR DIE MAKRONENMASSE:

400 g Marzipanrohmasse · 80 g Puderzucker

1 TL dünn abgeriebene Schale von 1 unbehandelten Zitrone

4 Eigelb · 20 g Mehl

ZUR FÜLLUNG:

100 g Zucker · 1 Limette · 200 g rotes Johannisbeergelee

4 cl Rum · 6 TL Pulverkaffee · 250 g Puderzucker

ZUM ÜBERZIEHEN:

200 g halbbittere Kuvertüre · 100 g dunkle Kuchenglasur

Das Mehl auf die Arbeitsfläche schütten und in die Mitte eine Mulde drücken. Salz und Vanillezucker auf den Mehlrand streuen, Puderzucker und Butterstückchen in die Mulde geben. Von der Mitte aus alle Zutaten zu einem glatten Teig verkneten. Eine Stunde kalt stellen.

Die Marzipanrohmasse mit dem Puderzucker verkneten. Mit den Quirlen des Handrührers auf kleinster Stufe nacheinander die Zitronenschale und die Eigelb unterrühren. Zum Schluß das Mehl untermischen. Beiseite stellen.

Ein Backblech mit Backtrennpapier belegen. Den Mürbeteig noch einmal kurz durchkneten und auf der bemehlten Arbeitsfläche auf die Breite des Backblechs und 20 cm Länge ausrollen. Den Teig dünn mit Mehl bestäuben, auf die Kuchenrolle wickeln und über dem Blech wieder abwickeln. Falls nötig, mit der Kuchenrolle noch einmal die Form nachrollen. Die Teigplatte mehrmals mit einer Gabel einstechen. Im vorgeheizten Ofen bei 175 Grad

10—12 Minuten backen. Den noch warmen Mürbeteig in vier 5 cm breite Streifen schneiden. Die Streifen vorsichtig mit Abstand zueinander auf dem Blech auseinanderschieben. Die Makronenmasse in einen Spritzbeutel mit mittelgroßer Lochtülle füllen. Auf jeden Streifen Mürbeteig drei Streifen Makronenmasse spritzen und zwar zwei am Rand entlang und einen in die Mitte. (Die beiden äußeren Streifen müssen ganz auf dem Mürbeteig aufliegen, damit sie beim Backen nicht wegrutschen. Das Gebäck mindestens 2 Stunden, besser über Nacht, zum Trocknen stehenlassen. Dann bei 175 Grad 10—15 Minuten backen.

Den Zucker mit $\frac{1}{4}$ l Wasser aufsetzen und so lange einkochen, bis eine dickliche Flüssigkeit entsteht. Die Makronenstreifen mit dem Blech auf ein Kuchengitter setzen und 8—10 Minuten auskühlen lassen, dann mit der Zuckerlösung bestreichen. Ganz auskühlen lassen. Die Limette dünn abreiben, den Saft auspressen. Limettenschale und -saft mit dem Johannisbeergelee verrühren und 4—5 Minuten kochen. Im kalten Wasserbad so lange rühren, bis es dickflüssig wird. In einen Spritzbeutel mit kleiner Lochtülle füllen und zwischen den ersten und zweiten Makronenstreifen spritzen.

Rum und Pulverkaffee verrühren. Den Puderzucker mit den Quirlen des Handrührers unterrühren. Ebenfalls in einen Spritzbeutel mit kleiner Lochtülle füllen und zwischen den zweiten und dritten Makronenstreifen spritzen. Gelee und Kaffeeglasur fest werden lassen. Die Streifen vorsichtig vom Blech lösen und auf ein Holzbrett legen. Jeden Streifen in 20 Stücke schneiden.

Kuvertüre und Kuchenglasur im warmen Wasserbad auflösen, gut verrühren. Jede Schnitte mit der Gabel bis zur Hälfte hineintauchen. Am Gefäßrand abstreifen und auf Alufolie oder Backtrennpapier zum Trocknen absetzen.

v. o. n. u.: *Sesamplätzchen, Schokokekse, Pistazienhäufchen*
(Rezepte S. 136, 134, 135)

Anisbögen

2 Eier · 100 g Puderzucker · 60 g Mehl

ZUM BESTREUEN:

1 EL Anis

Eier und Puderzucker sehr schaumig schlagen. Das gesiebte Mehl leicht unterziehen und mit zwei Teelöffeln auf ein gefettetes, mit Mehl bestäubtes Blech nußgroße Häufchen in ziemlich großem Abstand setzen. Jedes Häufchen mit Anis bestreuen und in das vorgeheizte Rohr stellen. Wenn sich die Ränder des Gebäcks bräunen, vorsichtig vom Blech nehmen und noch heiß über einen Kochlöffelstiel biegen.

Backhitze: 175 Grad · *Backzeit:* ca. 8—10 Minuten

Zimtherzen

2 Eier, getrennt · 250 Zucker · 250 g gemahlene Mandeln

Saft von ½ Zitrone · 3 g Zimt · etwa 150 g Mehl

½ Päckchen Backpulver

Die Eiweiß zu steifem Schnee schlagen, Zucker, Eigelb und Mandeln unterheben, dann die Geschmackszutaten beigeben. Die Hälfte des Mehls mit dem Backpulver mischen und in die Teigmasse einkneten. Von dem restlichen Mehl nur noch so viel dazugeben, daß ein knetfester Teig entsteht. Diesen 3 mm dick ausrollen, beliebig große Herzen ausstechen und auf einem gefetteten, mit Mehl bestäubten Blech im vorgeheizten Rohr backen.

Backhitze: 200 Grad · *Backzeit:* ca. 15 Minuten

Zitronenherzen

(Foto Seite 229)

---

250 g Mandeln · 3 Eigelb · 130 g Puderzucker

1 TL dünn abgeriebene Schale von 1 unbehandelten Zitrone

1 Prise Salz · etwas Puderzucker zum Ausrollen

ZUR GLASUR:

100 g Puderzucker · 3 EL Zitronensaft · 4–5 Tropfen Eiweiß

wenige Tropfen gelbe Lebensmittelfarbe

Die Mandeln in kochendem Wasser brühen. Die Haut abziehen und die Mandeln über Nacht trocknen lassen. Am nächsten Tag durch die Mandelmühle drehen. Eigelb und Puderzucker mit den Quirlen des Handrührers zu einem dicklichen weißen Schaum aufschlagen. Zitronenschale, Salz und die geriebenen Mandeln unterrühren, bis ein Teig entsteht. Die Arbeitsfläche dünn mit Puderzucker bestäuben und den Teig ½ cm dick ausrollen. Herzen ausstechen und auf das mit Backtrennpapier belegte Backblech setzen und backen. Mit dem Backtrennpapier vom Blech ziehen und auskühlen lassen. Aus Puderzucker, Zitronensaft, Eiweiß und wenig Lebensmittelfarbe eine streichfähige Glasur rühren und die Herzen damit bestreichen.

Backhitze: 175 Grad · *Backzeit:* 10–12 Minuten

Mandelstreifen

2 Eier · 140 g Zucker

140 g geschälte, kleingehackte Mandeln

abgeriebene Schale von ½ Zitrone · 140 g Mehl

Eier und Zucker schaumig rühren und mit allen übrigen Zutaten vermischen. Den Teig gut durcharbeiten und kleinfingerdick auf ein gefettetes Blech drücken. Im vorgeheizten Rohr hell backen. Erkaltet in fingerlange Streifen schneiden.

Backhitze: 180 Grad · *Backzeit:* ca. 20 Minuten

Mandelhäufchen

125 g Butter · 125 g Zucker · 3 Eigelb · 1 EL Zitronensaft

80 g geschälte, gemahlene Mandeln · 220 g Mehl

ZUM BESTREICHEN:

1 verquirltes Eigelb

ZUM BESTREUEN:

2 EL geschälte, gehackte Mandeln

etwas Puderzucker

Aus Butter, Zucker und Eigelb eine Schaummasse herstellen. Zitronensaft, Mandeln und Mehl unterrühren. Aus der Masse — wenn nötig noch etwas Mehl beigeben — kleine, gleichmäßige Kugeln formen, diese auf ein gefettetes Blech legen, mit Eigelb bestreichen und mit Mandeln bestreuen. Im vorgeheizten Rohr hell backen. Noch heiß mit Puderzucker bestreuen.

Backhitze: 200 Grad · *Backzeit:* ca. 20 Minuten

Ingwergebäck

1 Ei · 1 Eigelb · 150 g Zucker · 1 TL Ingwerpulver

130 g Mehl

Eigelb, Ei und Zucker sehr schaumig rühren, Ingwer untermischen und die Masse mit dem Mehl auf dem Brett zu einem glatten Teig verarbeiten. Etwa ½ cm dick ausrollen, Plätzchen (wenn vorhanden, mit einer Ingwergebäckform) ausstechen. Diese auf einem gefetteten Blech 30 Minuten ruhen lassen. Danach im vorgeheizten Rohr hellgelb backen und noch heiß vorsichtig vom Blech lösen.

Backhitze: 180 Grad · *Backzeit:* ca. 15 Minuten

Ingwerbrötchen

125 g Butter · 2 gestrichene EL Zucker · 1 Ei

5 EL Kondensmilch · 230 g Mehl · 2 TL Backpulver

1 gestrichener TL Ingwerpulver

50 g in kleine Würfel geschnittener konservierter Ingwer

Butter, Zucker und Ei schaumig schlagen, die Kondensmilch beigeben und nochmals gut verrühren. Dann das gesiebte, mit dem Backpulver vermischte Mehl unterrühren und zum Schluß den Ingwer gut in den Teig einarbeiten. Mit zwei Teelöffeln kleine Häufchen auf ein gefettetes, mit Mehl bestäubtes Blech setzen und im vorgeheizten Rohr hell backen.

Backhitze: 200 Grad · *Backzeit:* ca. 15 Minuten

Schoko-Schäumchen

(Foto Seite 35)

---

7 Eiweiß · 400 g Zucker · 15 g Kakaopulver

ZUR FÜLLUNG:

60 ml Schlagsahne · 320 g halbbittere Kuvertüre

30 ml Amaretto · 200 g gehackte geröstete Mandeln

Eiweiß mit ⅓ des Zuckers steif schlagen, nach und nach noch ⅓ des Zuckers dazugeben. Kakaopulver mit dem restlichen Zucker mischen und unter die Zucker-Eiweiß-Masse heben.

In einen Spritzbeutel mit Lochtülle füllen und auf ein mit Backtrennpapier belegtes Backblech kleine Halbkugeln spritzen. Im vorgeheizten Ofen bei leicht geöffneter Backofentür trocknen lassen.

Für die Füllung die Sahne aufkochen. 120 g Kuvertüre in kleine Stücke schneiden und in der Sahne schmelzen lassen. Amaretto zugeben und die Masse 1 Stunde abgedeckt kühl stellen.

Die Masse mit den Quirlen des Handrührgerätes schaumig schlagen und mit einem Messer auf die flache Seite des Gebäcks streichen. Eine zweite Hälfte daraufsetzen und leicht andrücken. Eine Stunde kalt stellen.

Restliche Kuvertüre im Wasserbad auflösen. So lange kalt stellen, bis sie wieder dickflüssig ist. Erneut leicht erwärmen. Jeweils eine Hälfte des Gebäcks in die Kuvertüre tauchen, abtropfen lassen und in die Mandeln drücken.

Backhitze: 125 Grad · *Backzeit:* 100 Minuten

Vanillestange

3 eischwer Butter · 3 eischwer Zucker · 3 Eier

1 Päckchen Vanillezucker · das Mark von 1 Vanillestange

3 eischwer Mehl

Butter, Zucker und Eier sehr schaumig rühren. Mit Vanillezucker und Vanillemark würzen und zum Schluß das Mehl einarbeiten. Den Teig in eine gefettete, mit Mehl bestäubte Vanillestangenform füllen und hell backen. Noch heiß stürzen.

Backhitze: 180 Grad · *Backzeit:* ca. 15 Minuten

Zuckernüsse

30 g Butter · 3 Eier · 250 g Zucker

125 g geriebene Mandeln oder Haselnüsse

500 g Mehl, vermischt mit ½ TL Backpulver

ZUM GUSS:

1 Rezept Zuckerglasur (siehe Seite 305)

Butter, Eier und Zucker schaumig rühren, die übrigen Zutaten untermischen und den Teig auf dem Brett kurz, aber gut zusammenkneten. Zwei gleichmäßige Rollen daraus formen, kleine Scheiben abschneiden, diese auf ein gefettetes Blech legen und im vorgeheizten Rohr backen. Erkaltet mit Glasur überziehen. Einige Tage offen an der Luft stehenlassen und dann erst in Blechdosen füllen.

Backhitze: 180 Grad · *Backzeit:* ca. 15 Minuten

Schweizerbatzen

2 Eier · 2 Eigelb · 250 g Zucker
125 g geschälte Mandelstifte, mit 1 EL Zucker bestreut und in der Röhre lichtgelb geröstet
60 g feingeschnittenes Zitronat
½ TL Zimt · 250 g Mehl

Eier, Eigelb und Zucker schaumig rühren, die erkalteten, gerösteten Mandelstifte, Zitronat, Zimt und Mehl nacheinander in die Schaummasse einrühren. Auf ein gefettetes, mit Mehl bestäubtes Blech mit einem Teelöffel kleine Häufchen setzen und in der vorgeheizten Röhre langsam backen.

Backhitze: 150 Grad · *Backzeit:* ca. 50 Minuten

Muskazinen

180 g Zucker · 3 Eier · 180 g geriebene Mandeln
150 g erwärmte, halbflüssige Kochschokolade · ¼ TL Zimt
2 Msp Muskat · 1 Msp Nelkenpulver · 150 g Mehl
ZUM VERZIEREN:
geschälte, halbierte Mandeln

Zucker und Eier sehr schaumig rühren, der angegebenen Reihenfolge nach die übrigen Zutaten daruntermischen. Auf dem bemehlten Brett eine daumendicke Rolle formen, etwa 2 cm dicke Scheiben abschneiden, diese etwas flachdrücken und auf ein gefettetes Blech setzen. Mit einer geschälten, halbierten Mandel belegen und im vorgeheizten Rohr backen.

Backhitze: 180 Grad · *Backzeit:* ca. 20 Minuten

Mandelbatzen mit Marzipan

---

100 g gemahlene Mandeln · 200 g Mehl · 70 g Speisestärke

100 g Zucker · 2 Päckchen Vanillinzucker

1 Prise Salz · 150 g Butter · Mehl · 100 g Marzipanrohmasse

100 g Hagebuttenmarmelade

Mandeln, Mehl, Speisestärke, Zucker, Vanillinzucker und Salz in einer Rührschüssel mischen. Butter in Stückchen schneiden und daraufgeben. Mit den Knethaken des Handrührers zu einem glatten Teig verarbeiten, auf bemehlter Arbeitsfläche zu zwei Rollen von je 30 cm Länge formen. Mindestens 1 Stunde in den Kühlschrank legen.

Marzipanrohmasse stückchenweise mit den Quirlen des Handrührers unter die Hagebuttenmarmelade rühren. In einen Gefrierbeutel füllen und eine Tütenspitze abschneiden.

Jede der Teigrollen in 30 Scheiben schneiden. Aus den Scheiben Kugeln formen und auf ein mit Backtrennpapier belegtes Backblech setzen.

Mit dem Finger in jede Kugel eine Mulde drücken. Die Marzipanrohmasse hineinspritzen.

Backhitze: 200 Grad · *Backzeit:* 10—15 Minuten

Schweizer Weihnachtsbäckerei

4 Eier · 250 g Zucker · 1 Päckchen Vanillezucker

250 g geriebene Mandeln

200 g erweichte Kochschokolade · 200 g Mehl

Eier, Zucker und Vanillezucker sehr schaumig schlagen, dann die erweichte, ausgekühlte Schokolade und die Mandeln in die Schaummasse einrühren. Zuletzt das Mehl leicht in den Teig einarbeiten. Diesen auf einem bemehlten Brett nicht zu dünn ausrollen, verschiedene Formen ausstechen und auf einem gefetteten, mit Mehl bestäubtem Blech im vorgeheizten Rohr backen.

Backhitze: 200 Grad · *Backzeit:* ca. 25 Minuten

Belgrader Brot

6 Eier · 500 g Zucker · 500 g geschälte, gehackte Mandeln

abgeriebene Schale von 1 ungespritzten Zitrone

10 g Zimt · 50 g kleingeschnittenes Zitronat · 350 g Mehl

Eier und Zucker sehr schaumig rühren (mit der Hand 30 Minuten, mit der Küchenmaschine 5 Minuten), dann Mandeln, Zitronenschale, Zimt, Zitronat und zum Schluß das Mehl einarbeiten. Auf einem bemehlten Brett den Teig gut durcharbeiten und 1 cm dicke, 4 cm breite, 7 cm lange Laibchen formen. Auf ein gebuttertes, mit Mehl bestäubtes Blech setzen und im vorgeheizten Rohr goldbraun backen.

Backhitze: 200 Grad · *Backzeit:* ca. 30 Minuten

Baiser- oder
Eiweiß-Schaumbäckerei

Wohin mit dem Eiweiß, das beim Backen von Buttergebäck übriggeblieben ist? Das fragen Sie sich sicherlich nicht nur in der Vorweihnachtszeit. Auch im Laufe des ganzen Jahres finden Sie bestimmt ab und zu ein Töpfchen mit Eiweiß — immer wieder von einer Ecke zur anderen geschoben — traurig in Ihrem Kühlschrank stehen. Lassen Sie es nicht verkommen, verwerten Sie es für eine Leckerei, sie findet bestimmt Abnehmer zu jeder Jahreszeit. Es müssen nicht unbedingt Zimtsterne sein, die Sie daraus backen. Versuchen Sie, davon irgendein schaumiges Busserl zu bereiten — Sie bekommen bestimmt ein süßes dafür zurück!

Baiser — Grundrezept

3 Eiweiß · 240—280 g Puderzucker

Die Eiweiß zu sehr steifem Schnee schlagen, den Zucker in drei Abteilungen vorsichtig einschlagen und mit dem Spritzsack oder zwei Teelöffeln kleine Häufchen auf ein gewachstes, gezuckertes oder mit Backpapier belegtes Blech setzen und im leicht vorgewärmten Rohr mehr trocknen als backen. Das Backrohr einen kleinen Spalt offen lassen.

Backhitze: 120 Grad · *Backzeit:* ca. 40 Minuten

Die Wiener Küche schlägt vor:
Eiweiß zu steifem Schnee schlagen, den gesiebten Puderzucker unterziehen und die Masse über Dunst schlagen, bis sie dick ist

und die Form behält. Mit einem Spritzsack Busserln oder Stangerln auf ein wie oben vorbereitetes Blech spritzen.
Backhitze und Backzeit die gleiche wie oben.

Schokoladenbaisers

4 Eiweiß · 250 g Zucker
2 TL Kakaopulver oder 50 g geriebene Schokolade
einige Tropfen Zitronensaft

Eiweiß zu steifem Schnee schlagen, dann Zucker und Kakao oder Schokolade sowie Zitronensaft über den Schnee geben und vorsichtig unterheben. Die Masse in einen Spritzsack füllen und auf ein gefettetes, mit Mehl bestäubtes oder mit Alufolie belegtes Blech kleine Häufchen spritzen. Im vorgeheizten Rohr, das einen kleinen Spalt offen bleibt, langsam backen. Sobald das Gebäck aus dem Ofen kommt, vorsichtig und schnell vom Blech lösen.

Backhitze: 120 Grad · *Backzeit:* ca. 45 Minuten

Ingwerbaisers

4 Eiweiß · 250 g Zucker
300 g geschälte, gemahlene Mandeln
gelber, pulverisierter Ingwer nach Geschmack

Eiweiß zu festem Schnee schlagen, erst den Zucker zugeben und noch etwas weiter schlagen, dann die Mandeln einrühren und die Masse mit Ingwer würzen. Auf ein gefettetes, mit Mehl bestäubtes Blech mit zwei Teelöffeln Häufchen setzen und bei schwacher Hitze backen.

Backhitze: 120 Grad · *Backzeit:* ca. 60 Minuten

Früchtebaisers

4 Eiweiß · 200 g Puderzucker

je 60 g feingeschnittene Datteln und Feigen

60 g geriebene Haselnüsse oder Mandeln

kleine runde Oblaten

Die Eiweiß zu steifem Schnee schlagen, den Zucker darunterrühren und auf dem Herd erhitzen. Die übrigen Zutaten daruntergeben und von der Masse kleine Häufchen auf die Oblaten setzen. Im vorgeheizten Rohr langsam backen.

Backhitze: 150 Grad · *Backzeit:* ca. 40 Minuten

Christbaumringe

3 Eiweiß · 150 g Puderzucker · 1 TL Zitronensaft

ZUM BESTREUEN:

bunter Zucker

Die Eiweiß zu steifem Schnee schlagen, Zucker und Zitronensaft zugeben und die Masse 30 Minuten weiter schlagen, bis sie steif ist. Das Backblech mit Backpapier belegen, Ringe darauf spritzen und über Nacht trocknen lassen. Am anderen Tag die Ringe mit buntem Zucker bestreuen und langsam backen. Wenn das Gebäck aus dem Ofen kommt, einige Minuten stehenlassen und die Ringe mit einem flachen Messer lösen.

Statt des Zitronensafts kann man 1 TL Himbeersirup an den Eischnee geben, dann werden die Christbaumringe zartrosa.

Backhitze: 120 Grad · *Backzeit:* ca. 30 Minuten

Zimtsterne gehören besonders in Süddeutschland zur beliebtesten Weihnachtsbäckerei und sind der Stolz der Hausfrau, wenn sie gut gelingen. Es ist nicht ganz einfach, sie herzustellen. Bitte beachten Sie genau die angegebene Backhitze!

Zimtsterne

4 Eiweiß · 250 g feiner Zucker · 5 g Zimt
300 g ungeschälte, geriebene Mandeln
ZUM AUSROLLEN:
etwas Puderzucker

Eiweiß und Zucker 20–30 Minuten schaumig schlagen. Etwa 3 EL von der Masse zum Bestreichen der Zimtsterne abnehmen. Unter die restliche Schaummasse Zimt und geriebene Mandeln mischen und den Teig auf Puderzucker 5 mm dick ausrollen, Sterne ausstechen und auf ein gefettetes Backblech legen. Mit dem zurückbehaltenen Eiweiß die Sterne schön glasieren und in den vorgeheizten Backofen stellen.

Backhitze: 170 Grad · *Backzeit:* ca. 20–25 Minuten

Vanillesterne

3 Eiweiß · 250 g Puderzucker

250 g geschälte, feingeriebene Mandeln

das ausgekratzte Mark von 1 Vanilleschote

ZUR GLASUR:

1 Eiweiß · 60 g Puderzucker · 1 Päckchen Vanillezucker

Eiweiß zu sehr steifem Schnee schlagen, dann mit dem Zucker gut verrühren. Mandeln und Vanillemark einarbeiten und die Masse 1 Stunde kalt stellen. Auf einem mit Zucker bestreuten Brett etwa ¾ cm dick ausrollen, Sterne ausstechen und diese auf ein mit Backpapier belegtes Blech setzen. Über Nacht stehenlassen und dann mit Zuckerglasur bestreichen. Dazu hat man das Eiweiß mit dem Zucker und Vanillezucker gut verrührt. Im vorgeheizten Rohr sehr langsam backen. Noch heiß die Sterne vorsichtig vom Papier lösen.

Backhitze: 130 Grad · *Backzeit:* ca. 35 Minuten

Witwenküsse

4 Eiweiß · 150 g Zucker · 150 g grobgehackte Haselnüsse

80 g kleingewürfeltes Zitronat · kleine Oblaten

Eiweiß und Zucker über Dampf dick schaumig schlagen, mit den Nüssen und dem Zitronat gut vermengen. Mit zwei Teelöffeln kleine Häufchen auf Oblaten setzen und diese im vorgeheizten Rohr langsam backen.

Backhitze: 120 Grad · *Backzeit:* ca. 80 Minuten

Engländer

3 Eiweiß · 140 g Zucker

140 g geschälte, gestiftelte Mandeln · kleine Oblaten

Die Eiweiß sehr steif schlagen, löffelweise den Zucker einschlagen und zum Schluß die Mandeln unterheben. Mit einem Teelöffel kleine Häufchen auf Oblaten setzen und im vorgeheizten Rohr nur trocknen lassen.

Backhitze: 120 Grad · *Backzeit:* ca. 30 Minuten

Schokoladenmuscheln

4 Eiweiß · 250 g Puderzucker

125 g geriebene Schokolade · 250 g geriebene Mandeln

je 1 Msp Zimt und Nelkenpulver

Eiweiß zu sehr steifem Schnee schlagen und mit dem Puderzucker 30 Minuten mit der Hand, mit der Küchenmaschine 5 Minuten, verrühren. Dann die übrigen Zutaten untermischen und aus der Masse kleine Kugeln in der Größe eines Markstückes formen. Diese in vorher kühl gestellte Muschelformen drücken und auf ein mit Backpapier belegtes Blech herausklopfen. 30 Minuten kalt stellen und dann im vorgeheizten Rohr mehr trocknen als backen.

Backhitze: 120 Grad · *Backzeit:* ca. 45 Minuten

Wiener Nußbusserln

4 Eiweiß · 280 g Zucker

280 g geriebene Walnüsse · kleine Oblaten

Die Eiweiß sehr steif schlagen, löffelweise den Zucker einschlagen und die Nüsse untermischen. Mit einem Teelöffel kleine Häufchen auf Oblaten setzen und im vorgeheizten Rohr backen.

Backhitze: 120 Grad · *Backzeit:* ca. 35 Minuten

Quittenschäumchen

2 Eiweiß · 125 g Quittenmark

250 g Puderzucker · kleine Oblaten

Eiweiß zu steifem Schnee schlagen. Quittenmark mit dem Puderzucker verrühren und mit dem Eischnee vermischen. Die Masse 30 Minuten ruhen lassen. Auf die Oblaten kleine Häufchen setzen und im vorgeheizten Rohr langsam backen.

Backhitze: 150 Grad · *Backzeit:* ca. 15 Minuten

Brasilianer

---
4 Eiweiß · 160 g Puderzucker

---
120 g geriebene Mandeln oder Haselnüsse

---
120 g geriebene Schokolade

---
80 g grobgehacktes Zitronat · kleine runde Oblaten

Die Eiweiß zu steifem Schnee schlagen, den Puderzucker darunterschlagen und die Masse auf der heißen Platte rühren. Dann die übrigen Zutaten untermischen, hohe Häufchen auf die Oblaten setzen und diese bei schwacher Hitze backen.

Backhitze: 170 Grad · *Backzeit:* ca. 20 Minuten

Französische Nußbaisers

---
70 g Puderzucker · 2 Eiweiß

---
125 g grobgehackte Walnüsse · klein runde Oblaten

Den Zucker erhitzen, die übrigen Zutaten dazugeben und die Masse auf schwachem Feuer so lange rühren, bis sie gelblich ist. Davon kleine Häufchen auf Oblaten setzen und an der Luft trocknen lassen.

Dattelbaisers

---
2 Eiweiß · 200 g in feine Streifen geschnittene Datteln

---
120 g Puderzucker · 120 g geschälte, geriebene Mandeln

---
die abgeriebene Schale von ¼ Zitrone

---
kleine runde Oblaten

Rosinenstollen (Rezept S. 59)

Die Eiweiß zu sehr steifem Schnee schlagen, die übrigen Zutaten daruntergeben. Von der Masse kleine Häufchen auf die Oblaten setzen und goldgelb backen.

Backhitze: 180 Grad · *Backzeit:* ca. 20 Minuten

Kokosnußbaisers

---

4 Eiweiß · 250 g Puderzucker · 250 g Kokosflocken

---

1 Päckchen Vanillezucker

Eiweiß, Zucker und Vanillezucker 20 Minuten schaumig rühren und die Kokosflocken daruntermischen. Auf ein gewachstes Blech gleichmäßige, kleine Kugeln von der Kokosmasse setzen und bei mäßiger Hitze backen. Nach Wunsch kann unter die Kokosmasse auch etwas geriebene Schokolade gegeben werden.

Backhitze: 170 Grad · *Backzeit:* ca. 25 Minuten

Mandelkränzchen

---

3 Eiweiß · 200 g Puderzucker

Saft von ½ ungespritzten Zitrone

---

200 g geschälte, geriebene Mandeln · kleine Oblaten

ZUM ÜBERZIEHEN:

Zitronenglasur (siehe Seite 306)

Eiweiß, Zucker und Zitronensaft 15 Minuten rühren, dann die Mandeln untermengen. Aus der Masse Kränzchen auf Oblaten spritzen und im vorgeheizten Rohr backen. Noch heiß mit Zitronenglasur bestreichen.

Backhitze: 180 Grad · *Backzeit:* ca. 20 Minuten

Mandelhörnchen

2 Eiweiß · 250 g Zucker · 1 Päckchen Vanillezucker

500 g gemahlene Mandeln · 1 TL Zimt · ¼ TL Nelkenpulver

abgeriebene Schale von ½ Zitrone

In die steifgeschlagenen Eiweiß nach und nach alle Zutaten in der angegebenen Reihenfolge einrühren. Aus dem Teig kleine Hörnchen formen, auf ein gefettetes, mit Mehl bestäubtes Blech legen und im vorgeheizten Rohr backen.

Backhitze: 180 Grad · *Backzeit:* ca. 15 Minuten

Zedernbrot

2 Eiweiß · 300 g Puderzucker

300 g geschälte, gemahlene Mandeln

Saft und Schale von ½ ungespritzten Zitrone

ZUM BESTREICHEN:

150 g Puderzucker · etwas Zitronensaft

In den steifen Eischnee den Puderzucker, gemahlene Mandeln, Zitronensaft und -schale einrühren. Den Teig auf ein mit Zucker bestreutes Brett geben, nochmals gut durcharbeiten und eine Stunde kalt stellen. Danach 1 cm dick ausrollen. Halbmondförmige Brötchen ausstechen, auf ein mit Backpapier belegtes Blech legen und im vorgeheizten Rohr langsam backen. Während dieser Zeit gesiebten Puderzucker mit Zitronensaft glattrühren. Die erkalteten Brötchen damit glasieren und trocknen lassen.

Backhitze: 130 Grad · *Backzeit:* ca. 40 Minuten

Haselnußbusserln

4—5 Eiweiß *(je nach Größe)*

250 g geröstete, geriebene Haselnüsse · 250 g Puderzucker

Die Eiweiß zu steifem Schnee schlagen, abwechselnd Haselnüsse und Puderzucker in den Schnee einrühren. Auf ein gut gewachstes Blech mit zwei Teelöffeln kleine Häufchen setzen und diese im vorgeheizten Rohr hell backen.

Backhitze: 150 Grad · *Backzeit:* ca. 30 Minuten

Nußbrötchen

4 Eiweiß · 350 g Puderzucker · 1 Päckchen Vanillezucker

Saft und abgeriebene Schale von ½ Zitrone

250 g geriebene Nüsse

Die Eiweiß zu steifem Schnee schlagen, Zucker, Vanillezucker, Zitronensaft und Zitronenschale leicht unterrühren. Von der Masse etwa 4 EL beiseite stellen. Unter die restliche Schaummasse die gemahlenen Haselnüsse rühren. Den Teig auf einem mit Zucker bestreuten Brett halbfingerdick ausrollen, Streifen von 2 cm Breite und etwa 5 cm Länge schneiden, diese auf Oblaten legen und 2 Stunden trocknen lassen. Danach mit dem zurückgelassenen Eiweiß bestreichen und im vorgeheizten Rohr hell bakken.

Backhitze: 175 Grad · *Backzeit:* ca. 20 Minuten

Nußecken

8 Eier, getrennt · 250 g Zucker · 200 g gemahlene Nüsse

50 g geriebene Schokolade · 50 g Rosinen

30 g zerlassene, abgekühlte Butter · etwa 30 g Semmelbrösel

Eiweiß zu sehr steifem Schnee schlagen. Dann nach und nach die Eigelb, Zucker, Nüsse, Schokolade, Rosinen, Butter und Semmelbrösel vorsichtig untermischen. Alles gut verrühren, auf ein gut gefettetes Blech streichen und im vorgeheizten Rohr backen. Noch heiß in Quadrate und diese in jeweils 2 Dreiecke schneiden.

Backhitze: 150 Grad · *Backzeit:* ca. 30 Minuten

Früchte- und Hutzelbrot

In den Früchtebroten, speziell im Hutzel- und Kletzenbrot, leben alte Fruchtbarkeitsgebilde weiter bis in unsere Zeit. Außerdem ist es ein uralter Brauch, Brot niemals ausgehen zu lassen, und da sich das Früchte-, Hutzel- oder Kletzenbrot lange über den Winter hält, buk man es früher im Herbst in Mengen als Wintervorrat. Es war auch die einzige Möglichkeit, die Früchte des Sommers zu konservieren.

»Gut, gut, gut is' dem Hutzelmann sein Brot«, läßt Eduard Mörike in dem gleichnamigen Märchen das ›Stuttgarter Hutzelmännlein‹ begeistert ausrufen. Zu vermuten ist, daß das damalige Hutzelbrot wirklich nur Hutzeln — gedörrte Birnschnitze — enthielt, dagegen werden in das heutige ›Schwäbische Hutzelbrot‹ noch viele andere gute Zutaten mit eingebacken.

Früchtebrot

3 Eier · 120 g Puderzucker
1 Päckchen Vanillezucker · ¹/₂ TL Zimt
1 Msp Nelkenpulver
abgeriebene Schale von ¹/₂ ungespritzten Orange
50 g feingehackte Mandeln · 125 g gehackte Haselnüsse
125 g in kleine Würfel geschnittene Feigen
250 g Rosinen · 125 g in kleine Würfel geschnittenes Zitronat
50 g Stärkemehl · 1 TL Backpulver

Eier, Zucker und Puderzucker sehr schaumig schlagen, nacheinander die angegebenen Gewürze und Zutaten daruntermischen. Zum Schluß das mit dem Backpulver vermischte Stärkemehl unterrühren. Den Teig in eine mit gefettetem Papier ausgelegte Kastenform füllen und im vorgeheizten Rohr backen. Das völlig erkaltete Früchtebrot erst vor dem Gebrauch in Scheiben schneiden.

Backhitze: 200 Grad · *Backzeit:* ca. 70 Minuten

Kleines Früchtebrot

1 Ei · 1 Eigelb · 60 g Zucker · 1 Päckchen Vanillezucker
70 g feingehackte Nüsse oder Mandeln
je 70 g Rosinen und Korinthen
je 40 g feingeschnittenes Zitronat und Orangeat
je 70 g feingeschnittene Datteln und Feigen
100 g Mehl
ZUM BESTREICHEN:
1 Eigelb

Ei, Eigelb, Zucker und Vanillezucker sehr schaumig schlagen. Nach und nach alle Geschmackszutaten zugeben und zum Schluß das Mehl einarbeiten. Aus dem Teig einen Wecken formen, diesen auf ein mit Backpapier oder Alufolie belegtes Blech legen, mit verquirltem Eigelb bestreichen und im vorgeheizten Rohr langsam backen. Erst nach zwei Tagen anschneiden.

Backhitze: 180 Grad · *Backzeit:* ca. 45 Minuten

Buntes Früchtebrot

125 g Zucker · 3 Eier
abgeriebene Schale von ½ ungespritzten Zitrone
je 125 g grobgehackte Mandeln und Haselnüsse
je 60 g kleingeschnittenes Zitronat und Orangeat
125 g kleingeschnittene Feigen · je 125 g Rosinen und Korinthen
125 g Mehl, mit ½ Päckchen Backpulver vermischt

Zucker, Eier und Zitronenschale schaumig rühren, der angegebenen Reihenfolge nach die übrigen Zutaten untermischen. Den Teig in eine gefettete, mit Backpapier ausgelegte Kastenform füllen und im vorgeheizten Rohr backen. Erkaltet in Alufolie einwickeln und erst vor Gebrauch in Scheiben schneiden.

Backhitze: 180 Grad · *Backzeit:* ca. 50 Minuten

Früchtebrot mit Backobst

125 g Butter · 125 g Zucker · 4 Eier
abgeriebene Schale von 1 ungespritzten Zitrone
250 g Roggenmehl, mit 1 Päckchen Backpulver vermischt
300 g uneingeweichtes, gewaschenes, getrocknetes, in kleine Würfel geschnittenes Backobst
je 125 g Sultaninen und Korinthen

Butter, Zucker und Eier sehr schaumig rühren, Zitronenschale und das mit Backpulver vermischte, gesiebte Mehl einarbeiten. Dann die vorbereiteten Früchte daruntermischen und die Masse in eine gefettete, mit Mehl bestäubte Kastenform füllen. Die erste

Hälfte der Backzeit bei geringer Hitze, die andere Hälfte mit stärkerer Hitze backen. Das fertige Früchtebrot über Nacht kühl aufbewahren und dann erst in Scheiben schneiden.

Backhitze: 30 Minuten bei 150 Grad, etwa 30 Minuten bei 180 Grad

Bozener Früchtebrot

2 Eier · 2 Eigelb
je 140 g feinnudelig geschnittene Feigen und Datteln
je 70 g gehacktes Orangeat und Zitronat
je 140 g gehackte Korinthen und Sultaninen
50 g geriebene Schokolade
abgeriebene Schale von 1 Zitrone · 210 g Mehl
ZUM BESTREICHEN:
1 Eigelb

Eier und Eigelb gut verquirlen, nach und nach die Geschmackszutaten unterrühren und alles gut mit dem Mehl vermengen. Aus dem Teig 2 Rollen formen, diese auf ein mit gefettetem Papier belegtes Blech legen und mit Eigelb bestreichen. Im vorgeheizten Rohr backen. Drei Tage liegen lassen, dann in Scheiben schneiden.

Backhitze: 200 Grad · *Backzeit:* ca. 30 Minuten

Glasiertes Früchtebrot

3 Eier · 125 g Zucker · 1 Päckchen Vanillezucker

125 g Mehl, mit 1 TL Backpulver vermischt

je 125 g Rosinen und Korinthen

50 g geschälte, grobgehackte Mandeln

je 125 g grobgehackte Haselnüsse und feingeschnittene Feigen

je 30 g kleingeschnittenes Zitronat und Orangeat

60 g feingeschnittene, kandierte Früchte

ZUR GLASUR:

1 Rezept Eiweißglasur (siehe Seite 305)

ZUM VERZIEREN:

60 g rote, grüne und gelbe kandierte Kirschen

Eier, Zucker und Vanillezucker schaumig schlagen, das mit dem Backpulver vermischte Mehl unterrühren. Nach und nach Früchte und Nüsse unter den Teig mengen, in eine gefettete, mit Semmelbröseln ausgestreute Kastenform füllen und im vorgeheizten Rohr backen. Nach dem Erkalten mit Glasur überziehen und mit kandierten Früchten verzieren.

Backhitze: 180 Grad · *Backzeit:* ca. 70 Minuten

Ingwer-Haselnuß-Brot

(Foto Seite 17)

---

450 g dunkler Kuchensirup · 200 g Butter · 70 g Bienenhonig

350 g Haselnußkerne · 200 g kandierter Ingwer

250 g Mehl · 250 g Roggenmehl · 1 TL Backpulver

2 TL dünn abgeriebene Schale von unbehandelten Zitronen

3 Eier · 6 EL Milch · 75 g dunkle Kuchenglasur

50 g halbbittere Kuvertüre

Sirup, Butter und Honig unter Rühren erhitzen und wieder kalt werden lassen.

Eine Kastenform (30 cm Länge) mit weicher Butter ausstreichen und mit Mehl bestäuben. 30 g Haselnußkerne in einer trockenen Pfanne bei mittlerer Hitze unter Wenden 10—12 Minuten goldbraun rösten. In ein Sieb schütten und kalt werden lassen.

Kandierten Ingwer grob hacken. Etwa 50 g zum Garnieren beiseite legen.

Beide Mehlsorten, gehackten Ingwer, restliche Haselnußkerne, Backpulver und Zitronenschale mischen.

Eier und Milch verquirlen und unter die kalt gewordene Sirupmischung rühren. Dann die Mehlmischung unterrühren und die Masse in die Kastenform füllen.

Im vorgeheizten Ofen 1 Stunde backen. Dann mit Alufolie abdecken und weitere 75 Minuten backen. Auf ein Kuchengitter stellen und kalt werden lassen. Dann erst auf ein mit Alufolie belegtes Gitter stürzen.

Kuchenglasur und Kuvertüre grob hacken und im Wasserbad auflösen. Den Kuchen damit mehrmals bestreichen.

Bevor die Kuvertüre fest wird, mit den gerösteten, von der Haut befreiten und grobgehackten Haselnußkernen und dem restlichen gehackten Ingwer garnieren.

Backhitze: 150 Grad · *Backzeit:* 2 Stunden 15 Minuten

Gefülltes Früchtebrot

500 g Mehl · 125 g Butter · 1 Msp Salz
25 g Hefe, mit 1 EL Zucker und ⅛ l lauwarmer Milch verrührt
⅛ l saure Sahne · 1 Ei
ZUM BESTREICHEN:
1 Eigelb

Erwärmtes Mehl in eine Schüssel sieben und mit der in Flöckchen geschnittenen Butter und dem Salz zwischen den Fingern zerbröseln. In die Mitte dieses Gemisches eine Grube drücken, die mit Zucker und Mehl aufgelöste Hefe hineingeben und mit etwas Mehl vermischen. Dann saure Sahne und das Ei zugeben und den Teig gut abschlagen. An einem warmen Ort 20 Minuten gehen lassen. Danach auf einem bemehlten Brett ausrollen, in 4–5 Rechtecke schneiden, diese mit Fülle (siehe unten) belegen, Teigränder übereinanderschlagen, gut zusammendrücken und zu länglichen Broten formen. Diese auf ein gut gefettetes Backblech legen, mit verquirltem Eigelb bestreichen, mit einer Gabel Löcher einstechen, nochmals 10 Minuten gehen lassen und im vorgeheizten Rohr backen.

Backhitze: 220 Grad · *Backzeit:* ca. 40 Minuten

FÜR DIE FÜLLE:
1 kg gedörrte Birnen · 300 g entkernte Dörrzwetschgen
200 g in Streifen geschnittene Feigen
200 g gehackte Rosinen · 200 g gehackte Mandeln oder Nüsse
je 60 g feingeschnittenes Zitronat und Orangeat
150 g Zucker · 1 TL Zimt · ½ TL Nelkenpulver
1 Msp Muskat · 2 EL Zitronensaft
2 EL Zwetschgen- oder Kirschwasser oder Rum

Zwetschgen über Nacht, Birnen 1 Tag in kaltem Wasser einweiche, dann zusammen im Einweichwasser weich kochen und gut abtropfen lassen. Birnenstiele entfernen und die Früchte grob hacken. Mit allen Zutaten gut vermischen.

Schwäbisches Hutzelbrot

500 g Hutzeln (Dörrbirnen) · 500 g gedörrte Zwetschgen
500 g Feigen · je 50 g in dünne Streifen geschnittenes Zitronat und Orangeat
500 g Mehl · 500 g Weinbeeren (halb Rosinen, halb Korinthen)
1 TL Anis · 30 g Hefe
je 250 g grobgehackte Haselnüsse und Mandeln
150 g Zucker · 1 EL Zimt · 5 gestoßene Nelken
½ TL Salz · ca. ¼ l Hutzelbrühe

Hutzeln und Zwetschgen über Nacht einweichen, am anderen Tag von den Birnen Stengel und Blüte entfernen, ca. 15 Minuten kochen, abkühlen lassen, die Zwetschgen entkernen. Aus Hefe, 2 EL Mehl, 1 EL Zucker, Salz und Hutzelbrühe einen zähen festen Hefeteig herstellen (siehe Seite 188). Nach und nach die Früchte und anderen Zutaten dazugeben und gut durcharbeiten, bis sich der Teig von der Schüssel löst. Laibchen formen, mit Mandeln verzieren und einige Stunden an einem warmen Ort gehen lassen. Die Laibchen auf einem gut gefetteten Blech bei guter Hitze schön braun backen. Noch warm werden sie mit Hutzelbrühe bestrichen, damit sie schön glänzen.

Backhitze: 220 Grad · *Backzeit:* ca. 45 Minuten

Glarner Birnenbrot

ZUM TEIG:
500 g Mehl · 25 g Hefe · ¼ l lauwarme Milch
50 g Zucker · 80 g Butter · 1 Ei · 1 TL Salz
ZUM BESTREICHEN:
1 verquirltes Eigelb

Aus den Zutaten einen Hefeteig bereiten (Herstellung des Hefeteigs siehe Seite 188), gut durcharbeiten und 30 Minuten an einem warmen Ort gehen lassen. Danach auf einem bemehlten Brett ausrollen und zwei Rechtecke schneiden.

Die Fülle (siehe unten) teilen und auf die Rechtecke streichen. Einrollen, zu Wecken formen und diese auf ein gefettetes Blech legen. 10 Minuten gehen lassen, mit Eigelb bestreichen und im vorgeheizten Rohr backen.

Backhitze: 200 Grad · *Backzeit:* ca. 45 Minuten

FÜR DIE FÜLLE:
250 g Dörrbirnen · je 100 g süße und saure gedörrte Apfelschnitze
100 g entsteinte gedörrte Pflaumen
je 80 g Feigen, Weinbeeren und grobgehackte Haselnüsse
60 g Zitronat · 2 EL Zucker · je 1 TL Zimt und Anis
1 Msp Nelkenpulver · 1 Gläschen Kirschwasser
einige EL Sahne

Birnen und Äpfel über Nacht einweichen und dann weich kochen. Von den Birnen Stiele und Blüten entfernen. Pflaumen nur einweichen. Alle Früchte und Nüsse durch die Maschine drehen, mit Zucker und Gewürzen vermischen und mit dem Kirschwasser und der Sahne zu einer streichfähigen Masse verarbeiten.

Das folgende Rezept beschreibt das berühmteste Südtiroler Weihnachtsgebäck, das dort in keiner Familie fehlen darf. Es sollte spätestens 2–3 Wochen vor dem Fest zubereitet werden, da es immer besser wird, je länger es liegt. Ein altes Sprichwort sagt: »Sebastian (Ende Januar) schneid den letzten Zelten an«.

Bozener Zelten

1 kg Rosinen · 1 kg Sultaninen · 250 g Datteln
500 g Feigen · 125 g Orangeat · 125 g Zitronat · 125 g Nüsse
125 g Pignoli (Pinienkerne) · 500 g Mandeln
Saft und Schale von 2 ungespritzten Orangen · ½ l Weinbrand
etwas Zucker · ¼ l Rum · Zimt · Nelkenpulver · Piment
2 Stück gewiegter Sternanis (Apotheke oder Feinkostgeschäft)
600 g Brotteig vom Bäcker · kandierte Früchte

Rosinen und Sultaninen gut waschen, die Datteln entkernen und alles fein wiegen. Datteln dünnblättrig schneiden, ebenso Orangeat und Zitronat. Nüsse und Mandeln ungeschält möglichst fein schneiden (nicht wiegen). Alle Früchte in eine große Schüssel geben, mit den abgeriebenen Schalen der Orangen, mit dem Orangensaft und Weinbrand befeuchten, noch etwas Zucker daraufstreuen, zudecken und über Nacht stehenlassen. Am Morgen Rum dazugeben, Zimt, Nelken, Piment und den Sternanis. Zuletzt mit dem Brotteig sehr gut verkneten. Längliche oder runde Zelten formen, ungefähr 3–4 cm dick und 20 cm lang, mit geschälten, gespaltenen Mandeln und halbierten Nüssen verzieren. Auf einem mit Öl bestrichenen Blech bei ca. 220 Grad unter öfterem Bestreichen mit Honig oder Zuckerwasser schön braun backen (ca. 1 Stunde). Schnell vom Blech lösen, auskühlen lassen. Mit kandierten Früchten verzieren und jeden Zelten in Cellophanpapier wickeln.

(Nach *Hanna Perwanger:* Südtiroler Leibgerichte)

Kletzenbrot
(Birnenbrot)

---

300 g gedörrte Birnen · 125 g Zucker

---

je 50 g blättrig geschnittene Mandeln und Haselnüsse

---

abgeriebene Schale von 1 ungespritzten Zitrone

---

1 TL Zimt · ½ TL Nelkenpulver

---

1 Gläschen Zwetschgenbranntwein

---

300 g Roggenmehl, vermischt mit 1 Päckchen Backpulver

---

etwas Kletzenwasser

Gedörrte Birnen kochen, gut abtropfen lassen und klein schneiden. Mit Mandeln, Nüssen, Zitronenschale, Gewürzen und Branntwein vermischen und das mit dem Backpulver vermengte Mehl einarbeiten. Sollte der Teig zu fest sein, etwas Kletzenwasser beigeben. Die Masse in eine großzügig gefettete, mit Mehl bestäubte Kastenform füllen und im vorgeheizten Rohr backen.

Backhitze: 200 Grad · *Backzeit:* ca. 50 Minuten

Pflaumenbrot

250 g gedörrte, entkernte Pflaumen · 125 g Puderzucker
60 g geschälte, blättrig geschnittene Mandeln
abgeriebene Schale von 1 ungespritzten Zitrone
1 TL Zimt · 1–2 EL Rum · 200–250 g Mehl
ZUM BESTREICHEN:
30 g flüssige Butter

Die Pflaumen in Streifen schneiden und nach und nach mit den
angegebenen Zutaten vermischen. Zuletzt das Mehl einarbeiten.
Aus dem Teig 2 längliche Wecken formen — sollte der Teig zu fest
sein, etwas Zitronensaft zugeben —, auf ein gut gefettetes, mit
Mehl bestäubtes Blech setzen und im vorgeheizten Rohr backen.
Während der Backzeit öfter mit zerlassener Butter bestreichen.
Die Brote nach dem Erkalten in Alufolie einschlagen und kühl
lagern. Erst nach 3 Tagen anschneiden.

Backhitze: 200 Grad · *Backzeit:* ca. 45 Minuten

Powidl-Brot

250 g Zucker · ¼ l warmes Wasser
250 g Powidl (Pflaumenmus)
abgeriebene Schale und Saft von 1 Zitrone · 2 EL Rum
1 TL Zimt · ½ TL Nelkenpulver · 1 Msp Muskat
400 g Mehl, vermischt mit 1 Päckchen Backpulver

Den Zucker bräunen, bis er sich auflöst, gleich mit dem warmen
Wasser ablöschen und gut verrühren. Vom Feuer nehmen, Powidl
daruntermengen, Zitronensaft, Zitronenschale, Rum und Ge-

würze beifügen. Die Masse auskühlen lassen und das mit dem Backpulver vermischte, gesiebte Mehl einrühren. Der Teig darf nicht zu steif sein. Wenn nötig noch etwas Wasser unterrühren. Den Teig in eine gut gebutterte, mit Mehl ausgestäubte Rehrükkenform füllen und im vorgeheizten Rohr backen. Über Nacht stehenlassen und erst am nächsten Tag anschneiden.

Backhitze: 150 Grad 30 Minuten, dann auf 180 Grad schalten und noch etwa 50 Minuten lang backen.

Pflaumenwürfel

3 Eier, getrennt · 150 g Farinzucker
abgeriebene Schale von je ½ ungespritzten Zitrone und Orange
125 g Mehl, vermischt mit 1 TL Backpulver
200 g entkernte, gedörrte, kleingeschnittene Pflaumen
50 g gemahlene Haselnüsse
ZUM BESTREUEN:
Puderzucker

Eigelb und Zucker sehr schaumig schlagen, Zitronen- und Orangenschale und die Hälfte des mit dem Backpulver vermischten Mehles unterrühren. Pflaumen und Nüsse untermengen, darauf die steifen Eischnee und darüber das restliche Mehl geben. Alles vorsichtig unterheben und die Masse auf ein gefettetes, mit Mehl bestäubtes Blech streichen. Im vorgeheizten Rohr backen. Nach dem Erkalten in Vierecke schneiden und mit Puderzucker bestreuen.

Backhitze: 180 Grad · *Backzeit:* ca. 40 Minuten

Ingwerringe

(Foto Seite 107)

---

225 g Weizenmehl und etwas zum Ausrollen

---

225 g Roggenmehl · 65 g brauner Zucker · 65 g Puderzucker

---

125 g Butter · 125 g Butterschmalz · 2 Eier

---

1 TL abgeriebene Schale von 1 unbehandelten Zitrone

---

2 EL Zitronensaft · 3 TL Ingwerpulver

---

1 Prise Salz · 50 g frische Ingwerknolle · 200 g bittere Kuvertüre

---

100 g kandierter Ingwer

Das Mehl auf die Arbeitsfläche schütten und in die Mitte eine Mulde drücken. Zucker, Puderzucker, Butter oder Margarine, Butterschmalz, Eier, Zitronenschale und -saft, Ingwerpulver und Salz in die Mulde geben. Von der Mitte aus alle Zutaten zu einem Teig verkneten. Den Teig in 4 gleich große Stücke teilen, jedes Stück zu einer 35 cm langen Rolle formen. Zugedeckt 1–2 Stunden kühl stellen.

Jede Rolle in 30 Scheiben schneiden und aus jeder Scheibe eine 8 cm lange Stange rollen. Zu einem Ring zusammenlegen und auf mit Backtrennpapier ausgelegte Backbleche setzen. Im vorgeheizten Ofen backen. Vom Blech lösen und auskühlen lassen.

Die Kuvertüre grob hacken und im Wasserbad auflösen. Den Ingwer fein hacken. Die Kuvertüre so lange rühren, bis sie kurz vor dem Stocken ist, dann wieder leicht erwärmen. Die Ringe mit der gewölbten Seite in die Kuvertüre tauchen. Herausnehmen, die Unterseite am Gefäßrand abstreifen. Auf ein mit Pergamentpapier ausgelegtes Blech legen und mit dem Ingwer belegen.

Bischofsbrot

5 Eier, getrennt · 100 g Puderzucker

abgeriebene Schale von 1 unbehandelten Zitrone · 1 TL Rum

40 g geschälte, gestiftelte Mandeln · 40 g Rosinen

40 g kleingeschnittene, kandierte Früchte

100 g Mehl, vermischt mit 1 Msp Backpulver

30 g zerlassene, ausgekühlte Butter

Eigelb und Zucker sehr schaumig rühren, nach und nach die Geschmackszutaten untermischen, das mit dem Backpulver vermischte Mehl über die Masse sieben, alles verrühren und die steifgeschlagenen Eischnee unterheben. Zum Schluß die flüssige Butter leicht untermischen. Die Masse in eine gefettete, mit Mehl bestäubte Kastenform füllen und im vorgeheizten Rohr langsam backen. Erst am nächsten Tag anschneiden.

Backhitze: 170 Grad · *Backzeit:* ca. 50 Minuten

Bischofsbrot aus Sandmasse

6 Eier, getrennt · 140 g Puderzucker

abgeriebene Schale von 1 ungespritzten Zitrone

140 g zerlassene, abgekühlte Butter · 60 g Rosinen

Eigelb und Zucker sehr schaumig schlagen. Über die Schaummasse den steifen Eischnee geben und darüber das Mehl sieben. Beides vorsichtig unter die Schaummasse heben. Zuletzt die zerlassene, ausgekühlte Butter und die in Mehl gewälzten Rosinen untermischen. Nicht rühren! Den Teig in eine gefettete, mit

Backpapier ausgelegte Kastenform füllen und im vorgeheizten Rohr langsam backen.

Backhitze: 170 Grad · *Backzeit:* ca. 60 Minuten

Bischofsbrot mit Schokolade

6 Eier · 400 g Puderzucker · 250 g Mehl
je 50 g grobgehackte Walnüsse, geschälte halbierte Mandeln
kleingeschnittenes Quittenbrot
60 g in kleine Stücke gebrochene Schokolade
abgeriebene Schale von 1 ungespritzten Orange

Eier und Zucker sehr schaumig rühren (mit der Hand 30 Minuten, mit der Küchenmaschine 5 Minuten), unter weiterem Rühren das Mehl und alle weiteren Geschmackszutaten untermischen. Die Masse in eine gefettete, mit gefettetem Pergamentpapier ausgelegte Kastenform füllen und im vorgeheizten Rohr backen. Erst am anderen Tag anschneiden.

Backhitze: 150 Grad · *Backzeit:* ca. 50 Minuten

Zigeunermazurek
(Polnisches Weihnachtsgebäck)

7 Eier, getrennt · 1 Tasse Zucker · 1 Tasse Mehl		
1 Tasse geschälte, feingestiftelte Mandeln		
1 Tasse kleingeschnittene Feigen · 2 Tassen Rosinen		
½ TL Zimt · 1 Msp Nelkenpulver		

Eigelb und Zucker schaumig schlagen, vorsichtig den steifen Eischnee unterziehen, dann das Mehl über die Masse sieben und
mit den restlichen Zutaten und Gewürzen vermischen. Den Teig
auf ein gut gebuttertes Blech streichen und im vorgeheizten Rohr
backen. Noch warm in viereckige Stücke schneiden.

Backhitze: 180 Grad · *Backzeit:* ca. 60 Minuten

Weihnachtstorten und Weihnachtskuchen

S' ist fünfundzwanzigster Dezember, bum, bum, bum,
Und der höchste Festtag heut
    der Weihnachtszeit, der Weihnachtszeit;
Nach der Meß geht's nach Hause
    und zu gutem Kuchenschmause,
    bum, bum, bum,

(Text aus einem katalanischen Weihnachtstanz)

Während in Deutschland, Österreich und der deutschsprachigen Schweiz zu Weihnachten außer Stollen vor allem Plätzchen und Lebkuchen gebacken werden, bilden in den romanischen und zum Teil auch in den angelsächsischen Ländern fast immer große, verzierte Torten oder feine Gewürzkuchen den Abschluß des festlichen Weihnachtsmahls am Heiligen Abend oder am Weihnachtsfeiertag.

Weihnachtliche Zimttorte

8 Eigelb · 140 g Puderzucker · 140 g geriebene Mandeln
1 EL Zimt · 1 Msp Nelkenpulver
Saft und abgeriebene Schale von 1 ungespritzten Zitrone
5 Eiweiß
ZUM BESTREUEN:
Puderzucker, mit Zimt vermischt

Die Eigelb mit Zucker sehr schaumig schlagen, alle anderen Zutaten beigeben und den Teig weiterhin 30 Minuten schlagen. Mit einem Handrührgerät reichen 5–10 Minuten. Zum Schluß den steifen Eischnee leicht unterheben. Die Masse in eine gebutterte, mit Semmelbröseln ausgestreute Tortenform füllen und in vorgeheizter Röhre langsam backen.
Noch heiß mit Zimtzucker bestreuen.

Backhitze: 180 Grad · *Backzeit:* ca. 40 Minuten

Bûche de Noël – Weihnachtsscheit
(Die klassische französische Weihnachtstorte)

4 Eier · 200 g Zucker · 50 g Butter · 4 EL Milch
2½ g Hirschhornsalz · 225 g Mehl · 25 g Maisstärkemehl
ZUM BETRÄUFELN:
etwas Cointreau
ZUR FÜLLE:
¼ l Milch · 4 Eier · 400 g Zucker · 500 g Butter
ZUM VERZIEREN:
grünes Marzipan

Mehl zum Kochen bringen und vom Feuer nehmen. Eier und Zucker schaumig schlagen, nach und nach in die heiße Milch rühren. Einmal kurz aufkochen lassen und bis zum Erkalten ab und zu umrühren. Butter schaumig rühren und löffelweise in die erkaltete Schaummasse geben. Die schaumige Creme bis zum Gebrauch kalt stellen.

In einem Wasserbad Eier und Zucker so lange schlagen, bis sich die Masse verdoppelt hat. Vom Herd nehmen und bis zum Erkalten weiterschlagen. Dann die zerlassene, abgekühlte Butter, das in Milch aufgelöste Hirschhornsalz beigeben und das mit Maisstärkemehl vermischte Mehl hineinsieben. Den Teig auf ein mit Backpapier belegtes Blech gleichmäßig aufstreichen und in der vorgeheizten Röhre, bei guter Mittelhitze backen. Wenn der Teig aus dem Ofen kommt, sofort auf ein Tuch stürzen, das Papier abziehen, mit Cointreau beträufeln und zusammenrollen. Gleich wieder aufrollen und, wenn der Teig erkaltet ist, mit der vorbereiteten Creme bestreichen. Mit Hilfe des Tuches wieder zusammenrollen. Die beiden Enden der Rolle schräg abschneiden. Die Rolle ganz mit Buttercreme bestreichen und mit einer in heißes Wasser getauchten Gabel Rillen ziehen. Aus der restlichen Buttercreme 2—3 Kugeln formen und diese wie Astansätze auf die Rolle setzen. Die Kugeln mit einem in heißes Wasser getauchten Messer anschneiden. Das grüne Marzipan durch ein grobes Sieb streichen und als »Moos« auf den Baumstamm streuen.

Zuger Kirschtorte mit Weihnachtsdekor

ZUM MÜRBETEIG:

---

150 g Mehl · 50 g Zucker · 80 g Butter

---

50 g geschälte, gemahlene Mandeln · einige Tropfen Zitronensaft

FÜR DIE SANDKUCHENMASSE:

---

4 Eier · 150 g Zucker

---

150 g geschmolzene, ausgekühlte Butter

---

200 g mit 1 EL Backpulver gemischtes, gesiebtes Mehl

ZUM TRÄNKEN DER SANDKUCHENTORTE:

---

*2 Gläschen Kirschwasser, mit 1 Gläschen Wasser und
1 EL Puderzucker vermischt*

ZUR CREME:

---

100 g Butter

---

60 g gesiebter Puderzucker und 2 Eigelb schaumig gerührt

ZUM BESTREUEN DES TORTENRANDES:

---

2 EL blättrig geschnittene Mandeln

ZUM BESTREUEN DER TORTE:

---

gesiebter Puderzucker

ZUM VERZIEREN:

---

*kleine Marzipansterne mit Schokoladenguß,
kleine Mürbeteigsterne oder Herzen mit roter Glasur
oder kleine Tannenbäumchen*

Für den *Mürbeteig* die Zutaten zu einem glatten Teig verarbeiten, diesen 20 Minuten kalt stellen, dann ausrollen und den leicht gefetteten Boden der Tortenform damit belegen und backen. Den erkalteten Boden auf einen Kuchenrost legen.

Backhitze: 200 Grad · *Backzeit:* ca. 15 Minuten

Inzwischen die *Sandkuchenmasse* herstellen. Dafür Eier und Zukker sehr schaumig schlagen, dann unter weiterem Schlagen die geschmolzene Butter daruntermengen und zuletzt das mit dem Backpulver vermischte Mehl unterrühren. Die Masse in die Tortenform füllen, deren Boden man gefettet und mit Mehl bestäubt hat, und im vorgeheizten Rohr langsam backen, danach erkalten lassen.

Backhitze: 180 Grad · *Backzeit:* ca. 40 Minuten

Nun bestreicht man den Mürbeteigboden mit etwa ⅓ der Crememasse, setzt die vollständig ausgekühlte Sandtorte darauf und beträufelt diese mit dem mit Wasser und Zucker vermischten Kirschwasser. Dann bestreicht man sie mit der restlichen Creme, bestreut den Rand mit blättrig geschnittenen Mandeln, die Tortenoberfläche dick mit Puderzucker und verziert die Torte nach Belieben.

Makronentorte

250 g Mehl · 125 g Zucker · 125 g Butter · 2 Eigelb · 1 Prise Salz
1 EL Zitronensaft · abgeriebene Schale von ½ Zitrone
FÜR DIE MAKRONENMASSE:
6 Eischnee · 500 g Puderzucker
500 g geschälte, geriebene Mandeln

Mehl und Zucker vermischen, die Butter in Flöckchen darübergeben und alles mit den Fingern rasch abbröseln. Eigelb, Salz, Zitronensaft und -schale untermischen und zu einem glatten Teig abarbeiten. Diesen 30 Minuten kalt stellen. Den leicht gefetteten Boden einer Springform mit dem Teig gleichmäßig auslegen, mit 2 Teelöffeln dicht nebeneinander kleine Häufchen der Makronenmasse auf den Teig setzen und im vorgeheizten Rohr hellgelb backen. *Für die Makronenmasse* zieht man den Zucker und die geriebenen Mandeln unter den steifen Eischnee.

Backhitze: 180 Grad · *Backzeit:* ca. 30 Minuten

Baumkuchentorte

250 g Butter · 250 g Zucker · 5 Eier · 125 g Mehl
125 g Stärkemehl · das ausgeschabte Mark von 1 Vanillestange
abgeriebene Schale von 1 ungespritzten Zitrone
1 Msp Kardamom · 60 g geschälte, gemahlene Mandeln
1 EL Rum
ZUM ÜBERZIEHEN:
1 Rezept Schokoladen- oder Rumglasur (siehe Seite 305, 307)

Butter und Zucker sehr schaumig schlagen, nach und nach die Eier einrühren, löffelweise das mit dem Stärkemehl vermischte und gesiebte Mehl zugeben, dann die Gewürze, Mandeln und zum Schluß den Rum in den Teig mischen. Den Boden einer Springform von 24 oder 26 cm Durchmesser leicht fetten, eine strohhalmdicke Teigschicht gleichmäßig darauf verstreichen und im vorgeheizten Rohr bei Oberhitze oder unter dem Grill goldgelb backen. Auf die gebackene Schicht streicht man wieder strohhalmdick Teig, bäckt ab und verfährt so weiter, bis der ganze Teig verbraucht ist. Den abgekühlten Kuchen mit einer beliebigen Glasur überziehen.

Backhitze: 220 Grad · *Backzeit:* pro Teigschicht etwa 5 Minuten

Die Unterhitze beseitigt man — wenn der Ofen nicht extra auf Oberhitze geschaltet werden kann —, indem man einen großen, breiten Kochtopf mit kaltem Wasser füllt und in den Ofen stellt. Sobald das Wasser heiß wird, muß es erneuert werden.

Für Bananenliebhaber hier eine Torte, die schnell zubereitet und warm oder kalt gegessen werden kann:

Bananentorte

125 g Butter · 100 g Zucker · 3 Eier · 1 Prise Salz
abgeriebene Schale von ½ Zitrone · 150 g Mehl
1 gestrichener TL Backpulver
ZUM BELAG:
3 große, reife Bananen · 1 TL Rum
50 g geschälte Mandelblättchen, oder die gleiche Menge frisch geraspelte Kokosnuß

Aus Butter, Zucker und Eiern eine Schaummasse herstellen, mit Salz und Zitronensaft würzen. Dann das mit dem Backpulver vermischte Mehl daruntermischen und diese Masse in eine gefettete, mit Mehl bestäubte Springform füllen. Darüber daumendicke Bananenscheiben verteilen, die mit Rum beträufelt werden. Darüber Mandelblättchen oder Kokosraspeln streuen. Die Torte in den vorgeheizten Ofen schieben.

Backhitze: 180 Grad · *Backzeit:* ca. 40 Minuten

Zu dieser Torte schmeckt steifgeschlagene, leicht gezuckerte Sahne besonders gut.

Datteltorte

6 Eier · 280 g Zucker · 2 EL Zitronensaft

280 g ungeschälte, feingeriebene Mandeln

280 g entkernte, feingeschnittene Datteln

Eier, Zucker und Zitronensaft schaumig rühren, Mandeln und Datteln leicht unter die Schaummasse ziehen. Den Teig in eine gefettete mit Mehl bestäubte viereckige Tortenform füllen (wenn nicht vorhanden, eine Königskuchenform verwenden) und langsam backen. Erst am anderen Tag aufschneiden.

Backhitze: 180 Grad · *Backzeit:* ca. 60 Minuten

Pangiallo di Natale – Römischer Weihnachtskuchen

300 g Mehl · 750 g Rosinen

125 g Orangeat und Zitronat, gemischt und kleingehackt

100 g Mandeln · 100 g Walnüsse · 100 g Pinienkerne · 25 g Hefe

1 Prise Lebkuchengewürz · 2–3 EL Öl · 160 g Zucker

100 g Zucker bei kleiner Hitze mit etwas Wasser schmelzen. In einer großen Schüssel 250 g Mehl mit der zerteilten Hefe und dem Zuckersirup verkneten, eventuell noch etwas Wasser zugeben, so daß ein ziemlich mürber Teig entsteht. Mandeln, Nußkerne, Pinienkerne, Zitronat und Orangeat, alles klein, aber nicht zu fein gehackt, Pinienkerne, Rosinen und Gewürze dazugeben. Einen runden Laib formen und an einem warmen Ort 10 Stunden gehen lassen. Den restlichen Zucker ebenfalls zu Sirup verkochen,

vom Feuer nehmen, mit dem restlichen Mehl sowie 2–3 EL Öl und etwas Lebkuchengewürz vermischen. Den großen Laib auf ein gebuttertes Blech setzen, mit dem dünnen Teig überziehen und goldbraun backen.

Backhitze: 190 Grad · *Backzeit:* ca. 45 Minuten

Weihnachtlicher Schokoladenkuchen

125 g Butter · 125 g Zucker · 3 Eier
200 g Schokolade (halbbitter) · 6 EL Kondensmilch
80 g Stärkemehl · 150 g Mehl, vermischt mit 2 TL Backpulver
125 g geschälte, gemahlene Mandeln
4 EL Orangenmarmelade · 1 EL Rum
abgeriebene Schale von 1 ungespritzte Orange
ZUM GUSS:
1 Rezept Schokoladenglasur (siehe Seite 305)

Butter, Zucker und Eier schaumig rühren. Die Schokolade in Stückchen brechen, mit Kondensmilch unter ständigem Rühren bei geringer Hitze zergehen und danach erkalten lassen. Unter die Schaummasse rühren, das mit dem Backpulver vermischte Mehl unterheben und zum Schluß Mandeln, Orangenmarmelade und Rum zugeben. den Teig in eine gefettete, mit Mehl bestäubte Tortenform oder Kastenform füllen und im vorgeheizten Rohr backen. Erkaltet mit Schokoladenguß überziehen.

Backhitze: 180 Grad · *Backzeit:* ca. 90 Minuten

Panettone

---

500 g Mehl · 30 g Hefe · 100 g Butter · 100 g Zucker

Salz · 2 ganze Eier · 1 Eigelb · 75 g Rosinen

75 g gehacktes Zitronat oder Orangeat, oder beides gemischt

etwas Milch · Puderzucker

Hefe, 1 EL lauwarme Milch und 1 TL Zucker verrühren. Das Mehl in eine Schüssel sieben, eine Vertiefung machen und den Vorteig (das Hefestück) hineingeben. Zugedeckt 10 Minuten gehen lassen. Dann zerlaufene Butter, das Eigelb und die ganzen Eier dazugeben, Zucker hinzufügen und alles, am besten in der Küchenmaschine, zu einem glatten Teig verrühren. Der Teig muß sich von der Schüssel lösen. Zuletzt Rosinen und Zitronat dazugeben. In eine gut gefettete hohe Gugelhupfform geben, über Nacht an einem warmen Ort gehen lassen. Am nächsten Tag oben einen Einschnitt machen und die Form in den Ofen geben. Nach 20 Minuten eventuell mit Butterflöckchen belegen. Mit Puderzucker bestreuen.

Backhitze: 240 Grad · *Backzeit:* ca. 60 Minuten

Rosinenkuchen

---

125 g Butter · 180 g Zucker · 3 Eier, getrennt

1 EL Rum · 50 g geschälte, geriebene Mandeln · 100 g Rosinen

125 g Weizenmehl · 40 g Stärkemehl · 2 TL Backpulver

ZUM BESTREUEN:

Puderzucker

Butter, Zucker, Eigelb schaumig rühren, Rum, gereinigte, trockene Rosinen und Mandeln zugeben. Mehl, Stärkemehl und Backpulver mischen, löffelweise in den Teig einsieben, unterrühren und zum Schluß den steifen Eischnee unterheben. Die Masse in eine gefettete, mit Papier ausgelegte Kastenform füllen und bei mäßiger Mittelhitze im vorgeheizten Rohr backen. Wenn der Kuchen aus dem Ofen kommt, mit Puderzucker bestreuen.

Backhitze: 180 Grad · *Backzeit:* ca. 50 Minuten

Nußkuchen

125 g Butter · 200 g Zucker · 4 Eier
je 1 Msp Zimt und Nelkenpulver
je 80 g gemahlene Haselnüsse und Mandeln · 50 g Mehl
ZUM BESTREUEN:
Puderzucker

Butter und Zucker schaumig rühren, nach und nach die Eier zufügen und weiter gut rühren. Danach Nüsse, Mandeln und das gesiebte Mehl leicht unterziehen. Die Masse in eine gefettete, mit Mehl bestäubte Kastenform füllen, im vorgeheizten Rohr backen und noch heiß mit Puderzucker bestreuen.

Backhitze: 180 Grad · *Backzeit:* ca. 60 Minuten

Schneller Haselnußkuchen

125 g Butter · 180 g Zucker · 2 Eier, getrennt

1 Päckchen Vanillezucker · 1 Msp Zimt · 2 EL Kakao

125 g geriebene Haselnüsse

200 g Mehl, vermischt mit ½ Päckchen Backpulver

reichlich ⅛ l Milch

ZUM GUSS:

200 g Puderzucker · 2 EL heißes Wasser

etwa 1—2 EL Rum

Butter, Zucker, Eigelb schaumig rühren, Gewürze und Kakao dazugeben. Erst die Nüsse unterrühren, dann abwechselnd die Milch und das mit Backpulver vermischte Mehl. Zum Schluß die steifgeschlagenen Eiweiß unterziehen. Die Masse in eine gefettete, mit Mehl bestäubte Tortenform füllen und in das vorgeheizte Rohr stellen. Den erkalteten Kuchen mit Rumguß überziehen. Dafür den gesiebten Puderzucker mit heißem Wasser verrühren und erst dann mit Rum glattrühren.

Italienischer Mandelkranz

1 kg Mehl · 60 g Hefe · knapp ¼ l Milch · 200 g Butter

125 g Zucker · 1 Ei · 2 Eigelb · 150 geschälte, gehackte Mandeln

etwas Salz · abgeriebene Schale von 1 ungespritzten Zitrone

ZUM BESTREICHEN:

1 verquirltes Eigelb

ZUM BESTREUEN:

50 g geschälte, gestiftelte Mandeln

2—3 EL Hagelzucker

o.: *Likörsterne, Mandelkugeln;* m.: *Haselnuß-Kokos-Plätzchen;*
u.: *Marzipanblätter* (Rezepte S. 99, 237, 133, 279)

Nach Vorschrift (siehe Seite 55) einen Hefeteig zubereiten, gehen lassen und auf dem bemehlten Brett nochmals durcharbeiten. Aus dem Teig drei lange Rollen formen, diese zu einem Zopf flechten und zu einem runden Kranz legen. Auf ein gefettetes Blech setzen und nochmals gehen lassen. Bevor man den Kranz in den vorgeheizten Ofen schiebt, mit Eigelb bestreichen, mit Mandeln und Hagelzucker bestreuen.

Backhitze: 200 Grad · *Backzeit:* ca. 45 Minuten

Mandelschnitten

250 g Butter · 125 g Zucker · 4 Eier
abgeriebene Schale von 1 Zitrone · 250 g Mehl · 1 TL Backpulver
ZUM BESTREUEN:
80 g geschälte, in Stifte geschnittene Mandeln (Fertigprodukt)
125 g Zucker

Butter, Zucker und Eier schaumig rühren, Zitronenschale sowie das mit Backpulver vermischte Mehl einrühren und die Masse auf ein gefettetes, mit Mehl bestäubtes Blech streichen. Mit Mandelstiften und Zucker gleichmäßig bestreuen und im vorgeheizten Rohr hellgelb backen. Noch warm in gleichmäßige Schnitten schneiden.

Backhitze: 180 Grad · *Backzeit:* ca. 25 Minuten

Quittenkuchen mit Schneehaube

(Hessische Weihnachtsspezialität)

ZUM TEIG:
250 g Mehl · 125 g Butter · 70 g Zucker
2 Eigelb · 1 Prise Salz

Aus diesen Zutaten einen Mürbeteig bereiten, mindestens 15 Minuten kalt stellen. Danach ⅔ des Teiges ausrollen und damit den leicht gefetteten Boden einer Springform belegen. Aus dem restlichen Teig einen Rand formen. Mit einer Gabel ein paar Löcher in den Kuchenboden stechen und den Kuchen im vorgeheizten Rohr hellgelb backen.

Backhitze: 200 Grad · *Backzeit:* ca. 30 Minuten

FÜR DEN BELAG:
etwa 4 Quitten · etwas Wasser · 2 EL Zucker
2 Nelken · dünn abgeriebene Schale von ½ Zitrone
2 EL Quittengelee · einige Tropfen Rum
FÜR DIE SCHNEEHAUBE:
2 steifgeschlagene Eiweiß mit 100 g gesiebtem Puderzucker und 100 g geschälten, gesiebten Mandeln vermischen

Quitten schälen und in Scheiben schneiden, das Wasser mit Zucker, Nelken und Zitronenschale zum Kochen bringen und darin die Quittenschnitten weich kochen. Dann abtropfen und erkalten lassen. Den Kuchenboden mit dem Quittengelee bestreichen, die Quittenscheiben darauf verteilen, mit Rum beträufeln und das Ganze mit der Schneehaube bedecken. Den Kuchen noch einige Minuten bei 170 Grad im vorgeheizten Rohr überbacken.

Kerstkrans

(Holländische Weihnachtsspezialität)

150 g Mehl · 150 g Butter · ½–¾ l Wasser · 1 Msp Salz
ZUR FÜLLUNG:
150 g Mandeln · 150 g Zucker · 1 Ei · 1 EL Wasser
abgeriebene Schale von ½ ungespritzten Zitrone
ZUM BESTREICHEN:
Aprikosenmarmelade
ZUM VERZIEREN:
Orangenschnitze · kandierte Kirschen

Von Mehl, Butter, Wasser und Salz einen Blätterteig bereiten oder ein Fertigprodukt aus der Tiefkühltruhe verwenden. Die Mandeln aufkochen, schälen, waschen, trocknen und mahlen. Dann mit Zucker, Ei, Wasser und Zitronenschale gut vermengen. Es empfiehlt sich, diese Creme mindestens eine Woche vorher zuzubereiten, damit sie beim Backen nicht auseinanderläuft. Kühl aufbewahren!

Von der Mandelcreme eine Rolle formen. Den Blätterteig auf ¼ cm Dicke und und 10 cm Breite ausrollen. In die Mitte des Teiglappens die Rolle schlagen, eine Innenseite des unbedeckten Teiges fest um die Rolle schlagen, die Außenseite dieses Teils mit Wasser anfeuchten, den anderen Teil darüberschlagen und fest andrücken. Nun die Rolle zu einem Kranz formen, dafür sorgen, daß die beiden Enden und die Füllung schön anschließen. Die Verbindungsstellen mit Wasser anfeuchten. Den Kranz mit der Naht auf ein mit Mehl bestäubtes Backblech legen, mit Ei bepinseln und im vorgeheizten Rohr bei starker Mittelhitze backen.

Etwas abkühlen lassen, mit Aprikosenmarmelade bestreichen, mit Orangenschnitzen und kandierten Früchten in verschiedenen Farben garnieren.

Backhitze: 220 Grad · *Backzeit:* ca. 30 Minuten

Gefüllte Orangenschnitten

250 g Mehl · 1 TL Backpulver · 70 g Zucker
125 g Butter · 1 Ei
Zur Fülle:
150 g mit der Schale geriebene Mandeln · 150 g Zucker
abgeriebene Schale von 1 Orange und ½ Zitrone
Saft von 2 Orangen
Zur Glasur:
125 g gesiebten Puderzucker mit 2 EL Puderzucker glattrühren

Die angegebenen Zutaten auf dem Brett zu einem glatten Teig kneten und 30 Minuten kalt stellen. Inzwischen für die Fülle die Mandeln mit Zucker, Orangen- und Zitronenschale vermischen und mit Orangensaft zu einer streichfähigen Masse verarbeiten. Aus dem Teig 2 Rechtecke ausrollen, etwa 25 × 30 cm; eine Teigplatte auf ein leicht gefettetes Backblech legen, mit Fülle bestreichen und mit der zweiten Teighälfte abdecken. In die obere Platte mit einer Gabel einige Löcher stechen. Teigränder gut zusammendrücken. Im vorgeheizten Rohr hellgelb backen. Die Glasur rasch auf den noch heißen Kuchen streichen. Erkaltet in beliebig breite Streifen schneiden.

Backhitze: 200 Grad · *Backzeit:* ca. 25 Minuten

Wir backen Waffeln

Es ist ein alter Brauch, zu hohen Festtage Waffeln zu backen, und man kann ihn bis in das 12. Jahrhundert zurückverfolgen. Berühmt waren die holländischen Bäcker, die mit einem Waffeleisen süße Leckereien herstellten und diese frisch gebacken, noch heiß, meist vor den Kirchen oder auf den Märkten, anboten. Sie zogen mit ihrem Gewerbe weit über die Grenzen ihres Landes.

Waffeln, jedoch aus einem anderen Teig als die holländischen, gab es auch in Deutschland, und sie sind nicht weniger berühmt und wahrscheinlich auch ebenso alt. Das sind die bekannten westfälischen »Iserkauken«, also Eierkuchen, die im Waffeleisen gebacken werden.

Früher waren die Waffeleisen sehr schwer, und daher war das Waffelbacken Sache der Männer. Auf manchen Höfen wurden Waffeln sogar über dem Schmiedefeuer gebacken.

In Westfalen gibt es auf dem Land heute noch Familien, die ihre Waffeln in alten Zangeneisen backen. Einfacher bäckt man seine Eisenkuchen in modernen, elektrischen Waffeleisen, die in allen Haushaltgeschäften zu erhalten sind.

Iserkauken (Eisenkuchen)

125 g Butter oder Margarine · 125 g Zucker
3 Eier · 250 g Mehl, mit 1 EL Backpulver vermischt
1 Prise Salz · 1 EL Aniskörner · 1 Msp Zimt

Butter oder Margarine schaumig rühren. Zucker und Eier beifügen und weiterhin schaumig schlagen. Abwechselnd das mit dem

Backpulver vermischte, gesiebte Mehl und die Milch beifügen und die Gewürze. Der Teig soll eben anfangen, dünnflüssig zu sein. Das Waffeleisen mit einer Speckschwarte gut einfetten, erhitzen, 1 EL Teig hineingeben und die Waffel hellbraun backen. Nach dem Herausnehmen sofort zu Tütchen formen, da der Teig sehr schnell hart wird.

Iserkauken mit Kandiszucker

250 g Kandiszucker · ¼ l Wasser
125 g Butter oder Margarine · 1 Ei · 250 g Mehl
abgeriebene Schale von ½ Zitrone
etwas Zimt · 1 Prise Salz

Das Wasser zum Kochen bringen und den Kandiszucker darin auflösen. Butter oder Margarine zergehen und abkühlen lassen. Danach schaumig rühren, mit dem aufgelösten Zucker, Ei, Mehl und den Geschmackszutaten zu einem glatten Teig rühren. Das Waffeleisen mit einer Speckschwarte gut einfetten, erhitzen, mit 1 EL Teig füllen und die Waffeln nacheinander hellbraun backen. Noch heiß einrollen.

Moderne holländische Waffeln
(Rezept von Emil Reimers)

250 g Weizenmehl · 1 Päckchen Backpulver
250 g Zucker · ½ Stange Vanille · ¼ l Milch · ¼ l Sahne
1 Spritzer Rosenwasser (Apotheke) · 1 Spritzer Cognac
Butter zum Backen · Puderzucker

Gesiebtes Mehl mit Backpulver, Zucker, ausgeschabter Vanille, Milch, Sahne, Rosenwasser und Cognac zu einem geschmeidigen Teig verrühren. Heißes Waffeleisen mit Butter bestreichen und nach und nach den Teig zu Waffeln abbacken. Mit Puderzucker bestreuen.

Westfälische Sahnewaffeln

(Rezept von Emil Reimers)

1¼ Tassen Weizenmehl · ½ Tasse Milch

1¾ Tassen Sahne · 75 g Butter · 1 Prise Salz

Gut gekühlte Sahne recht fest schlagen, gesiebtes Mehl und kalte Milch hineingeben. Ganz wenig salzen und 3 EL zerlassene Butter unterziehen. Auf heißem, mit Butter bestrichenem Waffeleisen backen. Noch heiß mit Orangen- oder Erdbeermarmelade servieren.

Mandelwaffeln

---

125 g Butter · 125 g Zucker, mit 1 TL Zimt vermischt

125 g geriebene Mandeln · 5 Eier · 250 g Mehl

etwa 4 EL Sahne

Butter mit dem Zimtzucker schaumig rühren, der Reihenfolge nach Mandeln, Eier, Mehl beigeben und den Teig mit der Sahne verdünnen. Waffeleisen erhitzen, gut mit Butter ausstreichen und Waffeln ausbacken.

Hefewaffeln

60 g Butter · 1 EL Zucker · 2 Eier · 1 Prise Salz

abgeriebene Schale von ½ Zitrone · 180 g Mehl

⅛ l saure Sahne · ⅛ l Milch · 15 g Hefe

ZUM BESTREUEN:

Puderzucker

Unter die schaumig gerührte Butter gibt man den Zucker, die Eier, Salz, Zitronenschale, das Mehl und die saure Sahne. Erst kurz vor dem Backen rührt man die in lauwarmer Milch aufgelöste Hefe darunter. Das gut erhitzte Waffeleisen mit Butter ausstreichen, knapp mit Teig füllen und nacheinander Waffeln ausbakken. Sie müssen schön goldbraun sein. Noch heiß mit Puderzucker bestreuen.

Schmalzgebackenes
zu Weichnachten und Silvester

Früher spielten diese in heißem Schmalz, heißer Butter oder heißem Öl gebackenen Krapfen und Küchlein eine viel größere Rolle in der Küche als heute. Fast jeder Ort hatte seine besonderen Spezialitäten, und im Laufe des Jahres, angefangen von Neujahr, gaben alle Festtage Gelegenheiten, diese Krapfen, Krapferln, Chüechli, Pfannkuchen, Mutzen, Schleifchen, Hasenöhrchen usw. zu backen. Vor allem am Silvesterabend aß und ißt man im Rheinland, in Süddeutschland, in der Schweiz, in Österreich und Italien Schmalzgebäck, das ein Symbol für Wohlstand — nämlich für ein fettreiches neues Jahr — darstellt.

Grundregeln für Schmalzbäckerei

1. An den Teig nicht zu viel Zucker geben, weil sich sonst das Gebäck zu schnell bräunt und dadurch die Gefahr besteht, daß es nicht ganz durchgebacken ist.

2. Als Backfett eignen sich: Butterschmalz, Schweineschmalz, Kokosfett oder auch eine Mischung dieser Fette oder Öl.

3. Das Fett muß reichlich hoch in dem Topf stehen, damit das Gebäck schwimmen kann und nicht am Boden anstößt.

4. Die Hitze darf nicht zu groß sein, weil sonst das Gebäck nicht genügend aufgehen kann. Je größer das Gebäckstück ist, desto geringer muß der Hitzegrad sein, doch auch nicht zu gering, weil das Gebäck zuviel Fett ansaugen würde.

5. Das fertige Gebäck auf einem Sieb oder Löschpapier abtropfen lassen, solange es noch warm ist, nicht aufeinanderlegen.

Rheinische Mutzenmandeln

50 g Butter · 125 g Zucker · 2 Eier

375 g Mehl, vermischt mit 1 Päckchen Backpulver · 2 EL Rum

ZUM AUSBACKEN:

Schmalz oder Öl

ZUM WENDEN:

feiner Zucker

Aus Butter, Zucker und Eiern eine Schaummasse herstellen, den Rum unterrühren und danach das mit dem Backpulver vermischte Mehl einarbeiten. Den Teig 30 Minuten kalt stellen. Danach ganz dünn ausrollen, mit der Mandelform kleine Plätzchen ausstechen und in siedendem Fett schwimmend ausbacken. Abtropfen lassen und in Zucker wenden.

Kölner Mutzen (Backpulverteig)

50 g Butter · 50 g Zucker · 1 Ei · 2 EL Rum · einige EL Milch

250 g Mehl, vermischt mit 1 Päckchen Backpulver

Ausbackfett

ZUM BESTREUEN:

Puderzucker

Die weiche Butter mit dem Zucker und Ei schaumig rühren, den Rum beigeben und abwechselnd das mit Backpulver vermischte Mehl und die Milch einarbeiten. Auf einem bemehlten Brett den Teig dünn ausrollen — wenn er zu weich ist, noch etwas Mehl einarbeiten —, in etwa 2 × 4 cm große Vierecke schneiden, in das siedende Fett legen und zu goldener Farbe backen. Auf Löschpapier abtropfen lassen und dick mit Puderzucker bestreuen.

Berliner Pfannkuchen

500 g Mehl · 30 g Hefe · ¼ l lauwarme Milch

50 g Zucker · 1 Prise Salz

abgeriebene Schale von 1 ungespritzten Zitrone

ZUR FÜLLE:

Aprikosen-, Himbeer- oder Erdbeermarmelade

ZUM AUSBACKEN:

Backfett

ZUM BESTREUEN:

etwa 100 g Zucker

Die angegebenen Zutaten zu einem Hefeteig (siehe Seite 55) verarbeiten, gut abschlagen und gehen lassen. Danach den Teig 1 cm dick auf einem bemehlten Brett ausrollen. Auf die Hälfte des Teiges mit einem Weinglas leicht angedeutete Kreise drücken. In die Mitte jedes Kreises etwas Marmelade setzen, die Ränder mit Eiweiß bestreichen und die leere Teighälfte darüberschlagen. Die Pfannkuchen ausstechen, die Ränder fest zusammendrücken und die so vorbereiteten Pfannkuchen auf einem Brett nochmals gehen lassen. Danach mit der oberen, der aufgegangenen Seite nach unten vorsichtig in das erhitzte, nicht ganz siedende Ausbackfett legen und auf beiden Seiten schön hellbraun backen. Die ersten 5 Minuten den Topf geschlossen halten, damit die Pfannkuchen gut aufgehen. Die Backzeit beträgt etwa 10 Minuten. Die fertigen Pfannkuchen auf einem Sieb gut abtropfen lassen, und noch heiß mit Zucker bestreuen.

Der Stolz der Krapfenköchin ist der weiße Rand in der Mitte des Krapfens. Dieser hängt weitgehend davon ab, ob die Fülle genau in die Mitte gesetzt worden ist.

Tiroler Krapfen

500 g Mehl · 20 g Hefe · 1 EL Zucker

etwa ⅛ l Milch · 70 g Butter · 3 Eigelb · 1 Prise Salz

abgeriebene Schale von ½ Zitrone

ZUR FÜLLE:

3 geschälte, feingehobelte Äpfel · 150 g geriebener Mohn

250 g Quark · etwas Milch

ZUM AUSBACKEN:

Schmalz

ZUM BESTREUEN:

Zucker

Aus den Zutaten einen mittelfesten Hefeteig (siehe Seite 55) bereiten, gut abschlagen und gehen lassen. Danach den Teig etwa 1 cm dick ausrollen, in Vierecke schneiden und auf jedes Teigstück etwas Fülle geben. Zu einem Dreieck zusammenschlagen, die Ränder gut zusammendrücken und nochmals mit einem Tuch bedeckt an einem warmen Ort gehen lassen. In heißem Schmalz hellbraun backen, abtropfen lassen und mit Zucker bestreuen.

Zur Fülle: Äpfel, Mohn und Quark vermischen und mit etwas Milch verrühren.

Nicht nur Truthahn und der berühmte Plumpudding kommen in England auf den Weihnachtstisch, auch die Weihnachtskrapfen dürfen nicht fehlen.

Englische Weihnachtskrapfen

500 g Mehl · 20 g Hefe · ⅛–¼ l lauwarme Milch
80 g Puderzucker · 80 g feiner Zucker
150 g zerlassene abgekühlte Butter · 1 Eigelb · 80 g Rosinen
je 50 g kleingeschnittenes Zitronat und Orangeat
je 1 Msp Kümmel- und Aniskörnchen · 1 Prise Salz
ZUM AUSBACKEN:
Schmalz

Aus den Zutaten einen mittelfesten Hefeteig (siehe Seite 55) herstellen, sehr gut abschlagen, an einem warmen Ort gehen lassen und danach aus dem Teig kleine Krapfen formen. Diese auf ein bemehltes Brett legen, mit einem Tuch bedecken und nochmals aufgehen lassen.
In heißem Schmalz zu schöner, brauner Farbe backen.

Kleine Krapferln

375 g Mehl · 25 g Hefe · knapp ⅛ l lauwarme Milch

80 g Zucker · 60 g zerlassene abgekühlte Butter

2 Eigelb · 1 Prise Salz

ZUM AUSBACKEN:

Butterschmalz

ZUM BESTREUEN:

Puderzucker und Vanillegewürz

Die Zutaten zu einem weichen, aber nicht flüssigen Hefeteig verarbeiten und an einen warmen Ort zum Aufgehen stellen. Danach mit einem Teelöffel kleine Kugeln abstechen, diese in fast siedendes Fett legen und goldgelb backen. Zum Abtropfen auf ein Löschpapier legen und in Vanillezucker wenden.

Schweizer Schenkeli
(Berner Spezialität)

80 g Butter · 125 g Zucker · 2 Eier

abgeriebene Schale von ½ ungespritzten Zitrone

1 EL Kirschwasser

250 g Mehl · 1 Msp Backpulver

ZUM AUSBACKEN:

Schmalz

ZUM WENDEN:

Zimtzucker

Butter, Zucker und Eier schaumig rühren, Zitronenschale und Kirschwasser beigeben und zum Schluß das mit dem Backpulver vermischte, gesiebte Mehl einarbeiten. Den Teig 1 Stunde kalt stellen. Danach den Teig zu einer fingerdicken Rolle formen, fingerlange Röllchen abschneiden, die an einem Ende etwas dicker sein sollen, und in siedendem Fett knusprig backen. Auf Papier entfetten und in Zimtzucker wälzen.

Griechische Liebesstreifen

4 Eigelb · 4 EL Puderzucker · 3 EL Pflanzenfett
1 EL Weinbrand · Saft von 3 Orangen · 2 Tassen Mehl
1 TL Backpulver · 1 Prise Salz
ZUM AUSBACKEN:
Öl
ZUM BESTREUEN:
Puderzucker oder 1½ Tassen Honig, 5 Minuten in 1½ Tassen Wasser gekocht
Zimt und feingehackte Mandeln

Eigelb mit Puderzucker und Fett schaumig rühren, Weinbrand, Orangen, gesiebtes Mehl, Backpulver, Salz und so viel Eier zufügen, daß es einen festen Teig ergibt. Gut kneten und 1 Stunde stehenlassen. Dann dünn ausrollen und in 2 cm breite, handlange Streifen schneiden. Schleifen oder Knoten formen oder einen Schnitt in die Mitte des Bandes machen und ein Ende durchziehen. In heißem Öl schwimmend backen. Mit Puderzucker bestäuben oder mit Honigwasser beträufeln. Zimt und Mandeln darüberstreuen. (Ein typisches griechisches Neujahrsgebäck.)

Weihnachtliches Konfekt

Weihnachten ist die einzige Zeit im Jahr, wo die Hausfrau heute noch selbst Konfekt herstellt: Trüffel und Quittenbrot, kandierte Früchte und glasierte Mandeln. Es ist gar nicht so schwer, das beweisen Ihnen die folgenden Rezepte. Und weihnachtliches Konfekt ist besonders gut als apartes, persönliches Geschenk geeignet.

Eiernougat

6 Eigelb · 200 g Puderzucker

1 Päckchen Vanillezucker · 500 g geröstete Walnüsse

Eigelb, Zucker und Vanillezucker zu einer glatten, dicken Masse verrühren. Geröstete Nüsse auf einem groben Sieb durch Schütteln von den Schalen befreien und unter die Schaummasse rühren. Die Masse in eine mit leicht gebutterter Alufolie ausgelegte Kastenform füllen und 2—3 Tage an einem kühlen Ort stehenlassen. Vor Gebrauch in Würfel oder Streifen schneiden.

Nougatwürfel

150 g geröstete, geriebene Haselnüsse · 125 g Puderzucker

2 Eigelb · 50 g erweichte Schokolade

ZUM ÜBERZIEHEN:

Kuvertüre

Alle Zutaten in einer Schüssel zu einer glatten Masse verarbeiten. Diese 15 Minuten kalt stellen. Auf einem mit Zucker bestreuten Brett etwa 1 cm dick ausrollen und in 2 cm große Würfel schneiden. Mit im Wasserbad aufgelöster Kuvertüre bestreichen und trocknen lassen. Nach Wunsch jeden Würfel mit einer halben Haselnuß verzieren.

Schokoladennougat

60 g Schokolade · ¼ l Milch · 2 Tassen Zucker

1 Päckchen Vanillezucker · 2 EL Sirup · 2 EL Butter

125 g ganze Haselnüsse oder Walnüsse

Schokolade, Milch, Zucker, Vanillezucker und Sirup unter ständigem Rühren langsam erhitzen, bis sich der Zucker vollständig gelöst hat. Einige Minuten auf kleiner Flamme stehenlassen, dann eine Probe machen. ½ TL der Masse in kaltes Wasser legen, es muß jetzt ein weiches Klümpchen entstehen. Den Topf vom Feuer nehmen, die Butter unterrühren und die Masse so lange stehenlassen, bis sie lauwarm abgekühlt ist. Nun die Nüsse beigeben und so lange rühren, bis eine dicke Creme entsteht. Diese auf ein gut gebuttertes Blech streichen und erkaltet in Würfel schneiden.

o.: *Dänische braune Kuchen, Baseler Leckerli;* m.: *Orangenbrötli, Zitronenherzen;*
u.: *Lübecker Marzipanmakronen (Rezepte S. 84, 30, 129, 161, 152)*

Nougatpralinen

250 g Puderzucker · 1 EL Wasser

250 g geschälte, trockene Mandeln

50 g Butter, vermischt mit 1 EL Kakao

ZUM ÜBERZIEHEN:

Kuvertüre

Zucker und Wasser unter ständigem Rühren zu hellbraunem Karamel kochen. Die trockenen, geschälten Mandeln daruntermischen und die Masse noch heiß auf eine geölte Porzellanplatte streichen. Erkalten lassen, ganz fein zerstoßen und mit der Kakaobutter vermischen. Aus der Masse eine Rolle formen, kleine Scheiben abschneiden und zu runden oder ovalen Plätzchen formen. Mit im Wasserbad aufgelöster Kuvertüre überziehen und trocknen lassen.

Fruchtpralinen

125 g Datteln · 125 g Feigen · 125 g Weinbeeren

125 g gemahlene Mandeln · 1 Msp Zimt

ZUM WENDEN:

geröstete, geriebene Haselnüsse

Datteln, Feigen und Weinbeeren fein wiegen. Mit Mandeln und Zimt vermischen und kleine Kugeln daraus formen. Diese in gerösteten, geriebenen Haselnüssen wenden.

Kirschpralinen

Etwa 150 g kandierte Kirschen · 150 g gemahlene Nüsse

125 g Puderzucker · 1 Eigelb · etwas Rum oder Maraschino

ZUR GLASUR:

100 g Kuvertüre oder Blockschokolade

Nüsse mit dem Zucker und dem Eigelb vermischen und mit Rum oder Maraschino zu einer festen Masse verarbeiten. Eine dickliche Wurst davon formen, gleichmäßige Scheiben abschneiden, diese etwas flachdrücken und in jede Scheibe eine Kirsche einwickeln. Ein Spießchen hineinstecken und in die im Wasserbad aufgelöste Schokolade oder Kuvertüre tauchen und trocknen lassen.

Haselnußpralinen

100 g geröstete Haselnüsse · 100 g Kuvertüre

50 g Butter · 1 EL Puderzucker

ZUM VERZIEREN:

Zuckerkügelchen (Liebesperlen)

Geröstete Haselnüsse schälen, im heißen Rohr gelb rösten und erkalten lassen. Danach zweimal durch die Mandelmühle drehen. Die Kuvertüre im Wasserbad schmelzen. Inzwischen Butter und Zucker schaumig rühren. Die zerlaufene Kuvertüre glattrühren, die Nüsse untermischen und diese Masse löffelweise unter die schaumig gerührte Butter geben. Die noch weiche Masse in einen Spritzsack mit einer großen Sterntülle füllen und auf Alufolie kleine Sternchen spritzen. Auf jedes Sternchen eine kleine Zuckerkugel setzen. An einen kühlen Ort stellen, bis die Pralinen steif sind.

Mandelpralinen

125 g geschälte, blättrig geschnittene Mandeln

1 EL Zucker · 150 g Kuvertüre

Mandeln mit Zucker bestreuen und im Rohr hellgelb rösten. Die Kuvertüre im Wasserbad zerlaufen lassen, glattrühren und die gerösteten Mandeln untermischen. Mit zwei Teelöffeln kleine Häufchen auf Alufolie setzen und trocknen lassen.

Schokoladenkugeln

⅛–¼ l Sahne · 300 g Milchschokolade · 1 TL Nescafé

ZUM EINTAUCHEN:

Kuvertüre

ZUM WENDEN:

grobgeraspelte Schokolade (am besten mit einem Kakaoschäler herzustellen)

ZUM BESTREUEN:

etwas Puderzucker

Sahne aufkochen, kleingebrochene Milchschokolade und Nescafé hineingeben, vom Feuer nehmen und glattrühren, bis sich die Schokolade aufgelöst hat, und kalt stellen. Danach kleine Kugeln aus der Masse formen, in aufgelöste Kuvertüre tauchen und in Schokoladenraspeln einhüllen. Mit etwas Puderzucker bestreuen.

Schokoladenwürfel

---
300 g Zucker · 6 EL Wasser · 300 g geriebene Schokolade

---
150 g geschälte, gemahlene Mandeln

---
150 g geschälte, in Blättchen geschnittene Mandeln

Zucker und Wasser zu dickem Sirup kochen. Vom Feuer nehmen, erst die Schokolade untermischen, dann die gemahlenen und in Blättchen geschnittenen Mandeln. Die Masse in eine gebutterte, viereckige Form füllen und über Nacht stehenlassen. Am anderen Tag die Form kurz in heißes Wasser tauchen, stürzen und in beliebig große Vierecke schneiden.

Schokoladenkonfekt
(Foto Seite 265)

---
1 Ei · 150 g Zucker · 2 TL Zimt

---
1 TL abgeriebene Schale von 1 unbehandelten Zitrone

---
75 g Walnußkerne (gehackt)

---
125 g Zartbitterschokolade (gerieben)

ZUM BEPINSELN:

Eiweiß

ZUM WÄLZEN:

Hagelzucker

Ei, Zucker, Zimt und Zitronenschale mit den Quirlen des Handrührers ca. 10 Minuten sehr schaumig rühren. Nüsse und Schokolade unterrühren, die Masse 30—40 Minuten kühl stellen.
Aus dem Teig Rollen von ca. 3 cm Ø formen. Mit Eiweiß bepinseln, im Hagelzucker wälzen.
In Alufolie wickeln und kühl stellen. Vor dem Servieren in Scheiben schneiden.

Schokoladentrüffel

60 g Butter · 60 g Puderzucker
2 Eigelb · 1 EL Rum · 20 g Kakao · 1 TL Nescafé
250 g geriebene Schokolade
ZUM WENDEN:
125 g geriebene Schokolade oder fertige Schokoladenstreusel

Aus Butter, Zucker und Eigelb eine Schaummasse bereiten, nach und nach die übrigen Zutaten unterrühren. Die Masse kalt stellen. Wenn sie steif ist, gleichmäßige Kugeln daraus formen, in geriebener Schokolade oder in Schokoladenstreuseln wenden. Kühl aufbewahren.

Mandeltrüffel

⅛ l Sahne · 70 g Zucker
1 Päckchen Vanillezucker · 70 g Butter
250 g Kochschokolade oder Kuvertüre
2 Eigelb · etwa 125 g geschälte, geriebene Mandeln
ZUM WENDEN:
geriebene Schokolade, Schokoladenstreusel oder geschälte, geriebene Mandeln

Schokolade in kleine Stücke brechen und mit Sahne, Zucker, Vanillezucker und Butter langsam zum Kochen bringen. Einmal aufkochen, vom Feuer nehmen und kalt stellen. Noch lauwarm die Eigelb und die Mandeln unterrühren. Wenn die Masse steif ist, kleine Kugeln formen und beliebig in geriebener Schokolade, Schokoladenstreuseln oder geriebenen Mandeln wälzen.

Nußtrüffel

100 g Butter · 100 g Puderzucker

100 g geriebene Schokolade

125 g geröstete, gemahlene Haselnüsse

ZUM WENDEN:

geröstete, gemahlene Haselnüsse

Butter und Zucker schaumig rühren, Schokolade und Haselnüsse untermischen. Die Masse kalt stellen. Danach gleichmäßige Kugeln formen und in gerösteten, gemahlenen Haselnüssen wenden.

Mozartkugeln

150 g Zucker · 150 g geriebene Nüsse oder Mandeln

ZUM WENDEN:

geriebene Schokolade

Den Zucker bis zur kleinen Perle spinnen, d.h., mit der gleichen Menge Wasser (ca. 12 EL) unter Rühren aufkochen und so lange kochen lassen, bis sich von dem hineingetauchten und wieder hochgenommenen Schaumlöffel (vorher in warmes Wasser tauchen) ein Faden zieht, an dem ein Tropfen wie eine Perle hängenbleibt. Die Nüsse oder Mandeln hineingeben, kurz aufkochen und aus der noch warmen, aber nicht mehr heißen Masse kleine Kugeln formen. Diese in geriebener Schokolade wälzen oder in Schokoladenglasur (siehe Seite 305) tauchen und trocknen lassen.

Walnußkonfekt

1 EL Honig · 50 g Kochschokolade

250 g geriebene Walnüsse · etwas Rum

ZUM WENDEN:

Schokoladenstreusel

ZUM VERZIEREN:

einige Walnußhälften

Honig und Kochschokolade erwärmen, Nüsse untermischen, vom Feuer nehmen und mit etwas Rum verrühren. Aus der Masse kleine Kugeln formen, in Schokoladenstreuseln wenden und auf eine Seite eine Walnußhälfte drücken.

Mohrenkugeln

140 g Puderzucker · 140 g gemahlene Walnüsse

50 g erwärmte Schokolade · 1 Eiweiß

ZUM WENDEN:

1 Eiweiß · geriebene Schokolade

Alle Zutaten in einer Schüssel zu einem glatten Teig verrühren und kalt stellen. Danach kleine Kugeln daraus formen, diese erst in Eiweiß und dann in geriebener Schokolade wälzen. An der Luft trocknen lassen.

Mandelkugeln

(Foto Seite 211)

300 g Mehl · 50 g Speisestärke · 100 g Puderzucker
50 g Mandeln (gemahlen) · 100 ccm Schlagsahne · 10 g Hefe
½ TL Zucker · 100 g Marzipanrohmasse · 2 Eigelb
1 Prise Salz · ½ Tütchen Safran (0,12 g) · 125 g weiche Butter
ZUM BESTÄUBEN:
3 TL Puderzucker

Mehl, Speisestärke, Puderzucker und Mandeln in einer Schüssel mischen. Eine Mulde in die Mitte drücken. Die Schlagsahne leicht erwärmen. Die zerbröckelte Hefe und den Zucker in der erwärmten Sahne auflösen und in die Mulde gießen. Mit etwas Mehlmischung vom Rand bestreuen.
Die Marzipanrohmasse mit einer Gabel fein zerkrümeln. Mit Eigelb, Salz und Safran mischen und auf dem Mehlrand verteilen. Die Butter oder Margarine in Flöckchen auf den Mehlrand setzen. Von der Mitte aus alles zu einem weichen Teig verarbeiten, gut durchkneten und 10 Minuten gehen lassen. Kurz durchkneten und kleine Kugeln von ca. 3 cm Durchmesser formen. Auf mit Backtrennpapier belegte Bleche setzen und mit den Fingerspitzen etwas zusammendrücken. Im vorgeheizten Backofen hellgelb backen. Vom Blech nehmen und etwas abkühlen lassen. Dann mit Puderzucker bestäuben.

Backhitze: 175 Grad · *Backzeit:* 15—18 Minuten

Pariser Schokoladenkugeln

⅛ l süße Sahne · 100 g Schokolade

100 g Zucker · 100 g geriebene Mandeln

ZUM WENDEN:

geriebene Schokolade

Sahne, Schokolade und Zucker zum Kochen bringen. Die Mandeln darunterrühren und einige Male aufkochen lassen. Vom Feuer nehmen und erkaltet aus der Masse kleine Kugeln formen und in geriebener Schokolade oder Kakao wälzen.

Walnußkugeln

150 g Zucker · etwas Wasser · 150 g geriebene Walnußkerne

etwas feingeriebene Zitronenschale

ZUM WENDEN:

geriebene Schokolade

Das Wasser mit dem Zucker aufkochen, bis es Blasen wirft. Vom Feuer nehmen, Nüsse und Zitronenschale darunterrühren. Die Masse erkalten lassen, gleichmäßige Kugeln daraus formen, diese in der geriebenen Schokolade wenden und trocknen lassen.

Rosa Haselnußkonfekt

Je 100 g geröstete und ungeröstete, geriebene Haselnüsse

200 g Puderzucker · etwas Eiweiß

ZUM ÜBERZIEHEN:

Zitronenglasur (siehe Seite 306), mit Himbeersirup etwas rosa gefärbt

ZUM VERZIEREN:

einige Haselnußkerne

Alle Zutaten auf dem Brett zu einer festen Masse verarbeiten, diese knapp ½ cm dick ausrollen, kleine runde Scheiben ausstechen, mit Zitronenglasur überziehen und mit Haselnußkernen verzieren. Das Konfekt an der Luft gut trocknen lassen.

Mokkanüsse

1¼ kg Walnüsse · 250 g Puderzucker · 1 EL starker Kaffee

1 Eiweiß · 1 Päckchen Vanillezucker

Die Nüsse schälen und die Hälfte davon mahlen — die schönen Nußhälften zurückbehalten. Zucker, Kaffee und Eiweiß 20 Minuten rühren, die gemahlenen Nüsse daruntergeben und aus der Masse kleine Pralinen formen. Diese mit je einer Nußhälfte belegen und trocknen lassen.

Nuß- oder Fruchtpralinen

30 g Butter · 50 g Puderzucker · 50 g Kakao
ZUM FÜLLEN:
etwas Frucht- oder Nußpaste
ZUM WENDEN:
Kakao oder geriebene Schokolade

Butter, Zucker und Kakao im Wasserbad so lange erhitzen, bis eine knetbare, aber nicht flüssige Masse entsteht. Daraus Pralinen formen, in die Mitte etwas Nuß- oder Fruchtpaste einrollen und das Konfekt in Kakao oder geriebener Schokolade wälzen.

Orangenpralinen

3 Orangen · 375 g Puderzucker
ZUM WENDEN:
geriebene Schokolade oder Schokoladenstreusel

Die Orangen waschen, abtrocknen und die Schale ganz fein abreiben. Mit etwas Zucker vermischen und einige Stunden fest zugedeckt ziehen lassen. Danach die Orangen sauber putzen, die Kerne entfernen und durch die Fleischmaschine drehen. Den Puderzucker mit dem durchgedrehten Orangenfleisch gut vermischen, die Orangenschale beifügen und einen festen Teig kneten. Kleine, flache Pralinen daraus formen, diese in geriebener Schokolade oder Schokoladenstreusel wälzen und trocknen lassen.

Mandel-Rum-Pralinen

---

125 g geschälte, zweimal geriebene Mandeln

125 g Puderzucker, mit Vanillezucker aromatisiert · 1 Eigelb

1 EL Rum

ZUM WENDEN:

etwa 50 g geschälte, feingehackte Mandeln

Aus den Zutaten eine glatte Masse arbeiten, gleichmäßige Kugeln daraus formen, diese zwei Tage trocknen lassen und danach in den gehackten Mandeln wälzen.

Diese Mandelpralinen können auch mit einer Schokoladenglasur überzogen werden.

Haselnuß-Likör-Konfekt

---

250 g Puderzucker · 2 Eier · 2 Eigelb

1 Likörglas Rum · 250 g geriebene Haselnüsse

Zucker, Eier und Eigelb sehr schaumig rühren. Die übrigen Zutaten daruntermischen und die Masse auf ein gut gezuckertes Brett geben. Verschiedene Figuren daraus formen, diese auf ein gewachstes Blech legen und bei mäßiger Hitze knusprig backen.

Backhitze: 175 Grad · *Backzeit:* ca. 20 Minuten

Helle Rumkugeln

125 g geriebene Nüsse oder Mandeln

125 g geriebene Schokolade · 125 g Zucker

1 Eiweiß · Rum nach Bedarf

ZUM WENDEN:

Hagelzucker

Alle Zutaten in einer Schüssel gut verrühren und kalt stellen, bis die Masse fest ist. Danach kleine, gleichmäßige Kugeln formen, diese in Zucker rollen und an einem warmen Ort trocknen lassen.

Schokoladen-Rum-Kugeln

100 g geriebene Schokolade · 100 g Puderzucker

50 g geriebene Mandeln · 1 Eiweiß

ZUR FÜLLE:

1 EL Rum · 20 g Butter

1 hartgekochtes, passiertes Eigelb · etwas Vanillezucker

ZUM WENDEN:

Krümelschokolade

Schokolade, Zucker, Mandeln und Eiweiß zu einer glatten Masse verarbeiten und eine dicke Wurst daraus formen. Von dieser gleichmäßige Scheiben abschneiden und etwas plattdrücken. Zur Fülle die Butter schaumig rühren und die übrigen Zutaten daruntermischen. Diese Creme auf die Scheiben verteilen, die Scheiben zu Kugeln drehen und in Krümelschokolade einhüllen.

Maraschinokugeln

100 g geriebene Schokolade · 100 g Puderzucker

50 g geriebene Mandeln · 1 Eiweiß · 1 EL Maraschino

ZUR FÜLLE:

20 g Butter · 1 Eigelb · 30 g Vanillezucker

30 g geriebene Schokolade · 1 TL Maraschino

Die Zutaten auf dem Brett zu einem glatten Teig verarbeiten. Daraus eine dicke Wurst formen, etwa 24 Scheiben abschneiden und diese mit der Fülle belegen. Zu Kugeln drehen und bei Mittelhitze hell backen. Nach dem Erkalten mit Maraschinoglasur (wie Arrak- oder Rumglasur, siehe Seite 307; dabei Arrak bzw. Rum durch Maraschino ersetzen) überziehen.

Pflaumenwurst

250 g getrocknete, entkernte Pflaumen · etwas Wasser

250 g Zucker · 125 g feingeschnittene Feigen

125 g gemahlene Nüsse

fein abgeriebene Schale von ¼ Zitrone

Die Pflaumen in wenig Wasser weich kochen, klein schneiden oder im Mixer pürieren. Den Zucker bis zum Flug spinnen (siehe Seite 311), die Pflaumenmasse hineingeben und zu einem dicken Brei kochen. Vom Feuer nehmen, die übrigen Zutaten untermengen und auf einem mit Zucker bestreuten Brett eine etwa 4 cm dicke Wurst formen. Diese an der Luft gut trocknen lassen und danach in dünne Scheiben schneiden.

Dattelwurst

100 g Datteln · 50 g Feigen · 70 g geschälte Mandeln
50 g Haselnüsse · 50 g Puderzucker · 100 g geriebene Schokolade
1 TL Cognac · etwas Eiweiß
ZUM WENDEN:
etwas brauner Zucker oder Grießzucker

Datteln und Feigen fein wiegen oder hacken, Mandeln und Nüsse mahlen und alle Zutaten auf einem Brett gut kneten. Eine etwa 3 cm dicke Wurst daraus formen und diese so lange in Zucker rollen, bis eine dicke Zuckerschicht entsteht. Die Dattelwurst in Pergamentpapier einwickeln und bis zum Gebrauch trocknen lassen.

Apfelkugerl

6 Äpfel · 2 EL Wasser
Zucker nach Bedarf · 1 EL Zitronensaft
ZUM WENDEN:
Hagelzucker

Die Äpfel schälen, fein schneiden und mit dem Wasser weich kochen. Danach durch ein Sieb streichen und mit ebensoviel Zucker, wie Apfelbrei vorhanden, und 1 EL Zitronensaft etwa 30 Minuten kochen. Der Apfelbrei muß dick sein. Erkaltet mit zwei Teelöffeln kleine Kugeln auf ein mit Zucker bestreutes Brett setzen und diese zwei Tage trocknen lassen. Danach die Kugeln nachformen und in Hagelzucker wälzen.

Kastanienkonfekt

250 g gekochte, passierte Kastanien · 250 g Puderzucker

ZUM ÜBERZIEHEN:

dicke Schokoladenglasur (siehe Seite 305)

Die Kastanienmasse mit dem Puderzucker gut vermengen und daraus kastaniengroße Kugeln formen. Eine feuerfeste Platte mit gutem Öl bestreichen, die Kastanien darauflegen und in einem warmen Rohr trocknen lassen. Wenn sie ganz trocken sind, einzeln auf Hölzchen spießen, in die dicke Schokoladenglasur tauchen, wobei um das Hölzchen herum ein glasurfreier Fleck bleiben soll. Die Hölzchen mit den Kastanien in ein Sieb stecken und nach dem Trocknen der Kastanien diese in Bonbonkapseln legen.

Grillage-Krapferl

200 g Puderzucker · 200 g geschälte, gestiftelte Mandeln

ZUM ÜBERZIEHEN:

Schokoladenglasur (siehe Seite 305)

ZUM BESTREUEN:

einige gehackte Pistazien

Zucker und Mandeln am Feuer so lange rühren, bis der Zucker zergangen ist. Er darf nicht braun werden. Die Masse auf ein mit kaltem Wasser abgespültes Brett gießen und mit einem nassen Nudelholz ausrollen. Mit einem kleinen Krapferlausstecher Scheiben ausstechen, diese glasieren und mit Pistazien bestreuen.

Krokantplätzchen

200 g Zucker · 100 g geschälte, grobgehackte Mandeln oder Nüsse

ZUM ÜBERZIEHEN:

Schokoladenglasur (siehe Seite 305)

Den Zucker in eine eiserne Pfanne geben, mit etwas Wasserzugabe und unter ständigem Rühren zu einer schönen, rotbraunen Farbe brennen. Vom Feuer nehmen, Mandeln oder Nüsse untermischen und die heiße Masse auf ein geöltes Blech streichen. Rasch runde Plätzchen ausstechen, diese in Schokoladenglasur tauchen und zum Trocknen auf einen Rost legen.

Sollten genügend Abfälle zurückbleiben, kann man diese fein zerstoßen und mit dicklicher Schokoladenglasur vermischen. Von dieser Masse kleine Häufchen formen und trocknen lassen.

Schokoladennüsse

125 g Zucker · 2 frische Eiweiß · 125 g feingemahlene Haselnüsse

2 EL geriebene Schokolade · 2 Msp Zimt

ZUM ÜBERZIEHEN:

etwas Schokoladenglasur (siehe Seite 305)

Den Zucker mit dem steifgeschlagenen Eiweiß 30 Minuten rühren — mit dem Handrührgerät 5—10 Minuten — und die übrigen Zutaten daruntermischen. Aus dieser Masse Nüsse aus dem Model schlagen und die obere Seite jeder Nuß mit Schokoladenglasur bepinseln. In Bonbonkapseln anrichten.

o.: *Nußknacker;* u.: *Nußplätzchen, Makronenschnitten*
(Rezepte S. 119, 117, 128)

Schokoladenstangen

2 EL Milch · 100 g Zucker · 100 g erweichte Schokolade

100 g geschälte, geriebene Mandeln

ZUM WENDEN:

geriebene Schokolade oder geriebene Mandeln

Milch mit dem Zucker aufkochen, vom Feuer nehmen und die erweichte Schokolade und die Mandeln daruntermengen. Diese Masse 15 Minuten stehenlassen. Danach gleichmäßige kleine Stangen daraus formen, diese in Schokolade oder geriebenen Mandeln wälzen und an einem warmen Ort trocknen lassen.

Nougatwurst

200 g Puderzucker · 2 EL Kakao · 1 EK Kaffeepulver

1 EL Butter oder Kokosfett

In einem Topf Butter oder Kokosfett zerlaufen lassen, die übrigen Zutaten dazugeben, alles gut verrühren und einmal aufkochen. Vom Feuer nehmen. Etwas abgekühlt aus der Masse eine Wurst formen. Diese trocknen lassen und vor Gebrauch in dünne Scheiben schneiden.

Schokoladenwurst

140 g geriebene Nüsse oder Mandeln · 140 g Puderzucker

80 g geriebene Schokolade

50 g in kleine Würfel geschnittenes Zitronat

1 Ei · nach Wunsch 1 TL Rum

Ein Brett mit Zucker bestreuen und alle Zutaten darauf verarbeiten. Aus der Masse eine oder zwei Würste formen, diese in Butterbrotpapier wickeln und kühl aufbewahren. Nach zwei Tagen in schräge Streifen schneiden.

Falsche Salami

1 Eiweiß · 150 g geschälte, geriebene Mandeln

250 g Puderzucker · 1 EL Mondamin

je 1 Prise Zimt und Nelken · etwas Zitronensaft

50 g feingehacktes Zitronat

60 g geschälte, feingehackte Mandeln

ZUM BESTREICHEN:

etwas Schokolade

ZUM WENDEN:

etwas Grießzucker

Das Eiweiß zu steifem Schnee schlagen und die übrigen Zutaten daruntermengen. Ein Brett mit Zucker bestreuen und aus der Masse eine Wurst formen. Die Schokolade in etwas heißem Wasser auflösen und die Wurst damit bestreichen. In Grießzucker rollen und etwa 3–4 Tage an einem warmen Ort trocknen lassen. Vor Gebrauch in dünne Scheiben schneiden.

Kokosstangen

---
150 g Kuvertüre · 150 g Kokosflocken

In die flüssige, jedoch erkaltete Kuvertüre die Kokosflocken geben und gut vermischen. Aus der Masse gleichmäßige Stangen formen und diese trocknen lassen.

Pischinger Schnitten

---
100 g Butter · 50 g erweichte Schokolade
---
50 g geröstete Haselnüsse · kleine Waffeln

Butter schaumig rühren. Den Zucker mit der erweichten, etwas abgekühlten Schokolade gut verrühren, löffelweise zur Butter geben und die Haselnüsse daruntermischen. Je zwei — oder mehr — Waffeln übereinander mit der Creme zusammensetzen und kalt stellen. Wenn nötig, die Waffeln in kleinere Stücke schneiden und nach Wunsch auch mit Schokoladenglasur überziehen.

Satanspillen

---

250 g Zucker · etwas Wasser

---

abgeriebene Schale von 1 Orange

---

etwa 125 g geschälte, geröstete und geriebene Mandeln

---

250 g kandierte, kleingeschnittene Früchte

ZUM WENDEN:

---

etwa 100 g geriebene Schokolade

Zucker mit Wasser und Orangenschale zu Sirup kochen. Vom Feuer nehmen und so viel gemahlene Mandeln untermengen, daß eine dickliche Masse entsteht. Kleingeschnittene Früchte untermischen, kleine Kugeln formen und diese in geriebener Schokolade wenden.

Kastanienpillen

---

250 g Zucker · etwas Wasser

---

das ausgeschabte Mark von 1 Vanilleschote

---

etwa 125 g geschälte, gemahlene Mandeln

---

250 g Kastanienpüree

ZUM WENDEN:

---

etwa 100 g geriebene Schokolade

Zubereitung wie Satanspillen.

Nußpillen

---

150 g gemahlene Nüsse · 100 g Honig

Saft und abgeriebene Schale von 1 Orange · 1 EL Rum

ZUM WENDEN:

100 g Schokoladenstreusel

Alle angegebenen Zutaten vermischen und auf dem Herd so lange kochen, bis eine dickliche Masse entsteht, die sich gut kneten läßt. Wenn sie etwas abgekühlt ist, gleichmäßige Kugeln formen und diese in Schokoladenstreuseln wenden.

Eine aus Böhmen stammende, sehr beliebte Weihnachtsleckerei ist

Vanillebutter

---

2 Eigelb

50 g mit Vanille gewürzter, sehr fein gesiebter Puderzucker

Falten Sie sich Papier mit etwa 2½ cm breiten Falten. Dann rühren Sie die Eigelb mit dem Zucker 20 Minuten schaumig (5—10 Minuten mit einem Handrührgerät). Die Masse streichen Sie zwischen die Falten und lassen das Gebäck an einem warmen Ort trocknen (nicht im Rohr). Vor dem Gebrauch lösen Sie die Vanillebutter vorsichtig aus den Papierfalten.

Bärentatzen

250 g Puderzucker · 250 g gehackte Mandeln

100 g geriebene Schokolade · 2 Eiweiß

Alle Zutaten mit einem Eiweiß gut verarbeiten, die Masse auf ein gut gebuttertes Blech streichen. Oberfläche mit dem zweiten Eiweiß bestreichen. Im lauwarmen Rohr mehr trocknen als backen. Anschließend in längliche Schnitten schneiden.

Backhitze: 120 Grad · *Backzeit:* ca. 30 Minuten

Mandelkörbchen

140 g geriebene Mandeln · 100 g geriebene Kochschokolade

140 g gesiebter Puderzucker · 1 Eiweiß

abgeriebene Schale von ½ ungespritzten Orange

etwa 2 EL Zwiebackbrösel

ZUR FÜLLE:

2 Eigelb

70 g geschälte, 4 geriebene Mandeln

70 g Puderzucker

3 Päckchen Vanillezucker

abgeriebene Schale von ½ ungespritzten Orange

ZUR GLASUR:

2 Eiweiß · 70 g Puderzucker · einige Tropfen Orangensaft

ZUM VERZIEREN:

halbierte kandierte Kirschen

Aus Mandeln, Schokolade, Puderzucker, Eiweiß und Orangenschale einen Teig kneten und so viel Zwiebackbrösel beigeben, daß es eine knetförmige Masse wird. Diese 15 Minuten kalt stellen, Körbchen daraus formen und über Nacht an der Luft trocknen lassen. Am anderen Tag die Fülle bereiten. Dafür Eigelb, Zucker, Vanillezucker schaumig rühren, Mandeln und Orangenschale untermischen. Damit die Körbchen füllen. Nun glasieren und dafür die Eiweiß mit dem Zucker und Orangensaft sehr gut verrühren. Mit ½ kandierten Kirsche verzieren und das Konfekt etwa 15 Minuten in ein warmes Backrohr zum Übertrocknen stellen.

Quittenpaste (Quittenbrot)

1 kg Quitten
Zucker nach Bedarf (so viel wie das Quittenmus wiegt)
je 1 Msp Zimt- und Nelkenpulver
50 g geschälte, geriebene Mandeln
je 30 g feinstgewiegtes Zitronat und Orangeat
grober Zucker

Die gewaschenen Quitten in Stücke schneiden (das Kerngehäuse bleibt drinnen) und mit Wasser bedeckt weich kochen. Danach durch ein Sieb streichen und die Masse abwiegen. Mit der gleichen Menge Zucker vermischen und so lange kochen (mehrere Stunden), bis es schwer vom Löffel fällt. Die Masse ständig rühren! Unter die noch heiße Masse Gewürze und Geschmackszutaten rühren. Fingerdick auf eine mit kaltem Wasser abgespülte Porzellanplatte streichen und gut abtrocknen lassen. Danach auf ein mit grobem Zucker bestreutes Brett oder Blech stürzen und die Quittenmasse etwa 1 Woche an der Luft trocknen lassen. In beliebig große Würfel, Streifen, Rauten oder andere Formen schneiden. In grobem Zucker wälzen und gänzlich trocknen lassen.

Florentiner

(Foto Seite 35)

---

50 g Butter · 50 g Zucker · 50 g Honig

---

50 g Orangeat · 50 g Zitronat · 250 g gehackte Nußfüllung

---

20 g Mehl · 65 g Vollkornoblaten (4,5 cm Ø)

---

70 g halbbittere Kuvertüre

Butter, Zucker und Honig aufkochen lassen. Orangeat und Zitronat fein würfeln, mit den gehackten Nüssen und dem Mehl unter die Honigmasse rühren. Oblaten auf mit Backtrennpapier belegten Blechen verteilen, je 1 TL Masse auf die Oblaten häufen, leicht andrücken. Im vorgeheizten Ofen backen.
Die Kuvertüre im warmen Wasserbad schmelzen, erkalten lassen, bis sie dickflüssig ist und wieder leicht erwärmen. Dann damit die Unterseite der ausgekühlten Florentiner bestreichen.

Backhitze: 200 Grad · *Backzeit:* ca. 18 Minuten

Haferflocken-Florentiner

(Foto Seite 53)

---

75 g Butter · 100 g Zucker · 100 g gehobelte Mandeln

---

75 g Haferflocken · 1 EL Schlagsahne

---

50 g rote Belegkirschen · 50 g Orangeat

ZUM BESTREICHEN:

---

100 g dunkle Kuchenglasur

Butter zusammen mit Zucker, Mandeln und Haferflocken aufkochen. Die Sahne dazugeben, das Ganze unter ständigem Rühren 5 Minuten kochen lassen, dann kalt stellen.

Inzwischen die Kirschen in Spalten schneiden und das Orangeat grob hacken. Beides unter die abgekühlte Haferflockenmasse mischen. Die Masse mit zwei Teelöffeln als flache Plätzchen auf zwei mit Backtrennpapier belegte Bleche streichen.

Die Florentiner im vorgeheizten Ofen backen. Die Plätzchen nach dem Backen, solange sie noch warm sind, eventuell noch nachformen.

Die Kuchenglasur nach Anweisung auf der Packung erwärmen. Die Unterseite der Florentiner damit ein- oder zweimal bestreichen.

Backhitze: 200 Grad · *Backzeit:* 8—10 Minuten

Mini-Florentiner

(Foto Seite 283)

⅛ l Milch · 100 g Honig · 115 g Butter

---

50 g Orangeat · 100 g kernige Haferflocken

---

100 g Mandeln, abgezogen

---

1 TL dünn abgeriebene Schale von 1 unbehandelten Zitrone

---

100 g dunkle Kuchenglasur · 100 g halbbittere Kuvertüre

Milch, Honig und 100 g Butter in einen Topf geben und unter Rühren 4—5 Minuten durchkochen lassen. Das Orangeat fein würfeln. Die Haferflocken im restlichen Fett leicht anrösten. Die Mandeln grob hacken und mit Orangeat, Haferflocken und Zitronenschale unter die Honigmasse rühren. Die Florentinermasse erkalten lassen.

Die Arbeitsfläche dünn mit Mehl bestäuben. Die Masse auf die Arbeitsfläche schütten und in vier gleich große Stücke teilen. Jedes Stück zu einer 20 cm langen Rolle formen, jede Rolle in 14 Scheiben schneiden. Zwei Backbleche mit Backtrennpapier belegen. Die Scheiben auf das Backblech legen und mit nassen

Händen auf die Größe eines 5-Mark-Stückes auseinanderdrükken. Im vorgeheizten Ofen backen. Die Florentiner auf dem Blech gut auskühlen lassen. Kuchenglasur und Kuvertüre grob hacken, im warmen Wasserbad auflösen, gut verrühren. Mit einem kleinen Messer auf die Unterseite der Florentiner streichen. Gut fest werden lassen.

Backhitze: 175 Grad · *Backzeit:* 10—12 Minuten

Dalmatinische Kugeln

150 g geriebene Hasel- oder Walnüsse
250 g grobgehackte Nüsse
je 50 g feingeschnittene Feigen und Datteln
100 g gehackte Rosinen
100 g Zucker, vermischt mit etwas Zimt und Nelkenpulver
1 Eiweiß · 1—2 EL Rum
Zum Wenden:
geriebene Schokolade

Alle Zutaten gut vermischen, gleichmäßige Kugeln formen, diese in geriebener Schokolade wälzen und in Papierkapseln legen.

Gefüllte Datteln

1 kleine Schachtel schöne Datteln · etwa 50 g Marzipan
Zum Überziehen:
Schokoladenglasur

Die Datteln auf einer Seite aufschneiden, die Kerne entfernen und durch Marzipanstücke in Kernform geschnitten, ersetzen.

Die Datteln so weit zusammendrücken, daß der Marzipankern noch zu sehen ist. In diesen ein Hölzchen stecken, die Datteln in Schokoladenglasur tauchen und trocknen lassen. Hölzchen herausziehen.

Gefüllte Pflaumen

---

375 g große, getrocknete Pflaumen

ZUM FÜLLEN:

---

125 g gemahlene Nüsse

---

2 EL feingewiegte Rosinen · etwas Rum

Pflaumen entkernen, für die Fülle Nüsse mit Rosinen und etwas Rum vermischen. Von dieser Masse je 1 TL in die entkernten Pflaumen füllen. Nach Wunsch können die gefüllten Pflaumen auch noch mit Schokoladenglasur überzogen werden.

Gefüllte Feigen I

---

375 g schöne, große Feigen

ZUR FÜLLE:

---

125 g geriebene Mandeln oder Haselnüsse

---

100 g feingewiegtes, kandiertes Obst

---

etwas Zitronensaft oder Kirschwasser

Die Feigen oben etwas aufschneiden. Für die Fülle geriebene Mandeln oder Haselnüsse mit feingewiegtem, kandiertem Obst vermischen und mit etwas Zitronensaft oder Kirschwasser zu einer festen Masse verarbeiten. Damit die Feigen füllen. Nach Wunsch können die Feigen mit Schokoladen- oder Zuckerglasur überzogen werden.

Gefüllte Feigen II

300 g schöne Feigen

ZUR FÜLLE:

2 EL Aprikosenmarmelade · 100 g Puderzucker

100 g geschälte, geriebene Mandeln · etwas Zitronensaft

ZUM ÜBERZIEHEN:

Schokoladen- oder Zuckerglasur (siehe Seite 305)

Die Feigen in Scheiben schneiden, mit Fülle bestreichen und einrollen oder die Seiten übereinanderschlagen. Bei kleinen Scheiben immer zwei mit Fülle zusammensetzen. Das Konfekt auf Hölzchen spießen, mit Glasur überziehen, auf eine geölte Porzellanplatte legen und abtrocknen lassen. Danach in Bonbonkapseln anrichten.

Ananaskonfekt

200 g geschälte, geriebene Mandeln · 200 g Puderzucker

etwas geriebene Zitronenschale · etwas Eiweiß

ZUM FÜLLEN:

einige kandierte Ananasstückchen

ZUM VERZIEREN:

einige kandierte Kirschen

NACH WUNSCH:

Schokoladenglasur (siehe Seite 305)

Die Zutaten auf dem Brett zu einer festen Masse verarbeiten. Diese messerrückendick ausrollen und kleine, gleichmäßige Vierecke ausradeln. Die Ananas in Würfel schneiden und auf jedes Marzipanviereck einen Ananaswürfel legen. Marzipanecken übereinanderschlagen, obenauf mit einer halben Kirsche verzieren. Das Konfekt im abgekühlten Rohr trocknen lassen. Am anderen Tag mit Schokoladenglasur überziehen.

Quittenwürfel

160 g Quittenmarmelade · 80 g Puderzucker

50 g feingeschnittenes Zitronat · Oblaten

Quittenmarmelade und Zucker in einen Schneekessel geben und auf dem Feuer so lange rühren, bis sich die Masse vom Schneekessel löst. Auf ein mit Zucker bestreutes Brett geben, Zitronat beifügen und die Masse mit einem großen Küchenmesser zu einem Teig verarbeiten. Mit Puderzucker bestreuen, mit einem Porzellanwalker fingerdick ausrollen und Würfel daraus schneiden. Diese auf Oblaten legen und an der Luft trocknen lassen.

Ingwerstäbchen

Einige Ingwerknollen

ZUM ÜBERZIEHEN:

Kuvertüre

Ingwerknollen in etwa 4 cm lange – nicht zu dicke – Stäbchen schneiden und in Kuvertüre tauchen. Auf Pergamentpapier trocknen lassen.

Türkische Halva

5 Eiweiß · 300 g Zucker · 130 g zerlassener Honig

150 g geschälte, grobgehackte Mandeln

100 g gemischte, feingeschnittene, kandierte Früchte

2 Oblaten

Eiweiß zu steifem Schnee schlagen, Zucker einrühren und so lange weiter schlagen, bis der Zucker gelöst ist. Zerlassenen Honig zugeben und über Dampf unter ständigem Rühren 25 Minuten kochen. Wenn die Masse schön dick ist, grobgehackte Mandeln und kandierte Früchte darunterrühren, mit einem nassen Messer auf eine Oblate streichen, die andere Oblaten drauflegen, gleichmäßig pressen, für einen Tag kühl stellen. Vor dem Gebrauch in schmale Streifen schneiden.

Glasierte Kastanien

500 g Kastanien · 500 g Zucker

Die Kastanien kreuzweise einkerben und im vorgeheizten Rohr bei 200 Grad nicht zu weich braten, dann schälen. Den Zucker zu hellbraunem Karamel kochen, die Kastanien eintauchen und auf einer Alufolie trocknen lassen. Wenn die Glasur nicht ganz fest sitzen sollte, die Kastanien am anderen Tag nochmals in Karamel tauchen.

Gebrannte Mandeln

---

250 g Puderzucker · 250 g Mandeln

In einer eisernen oder Kupferpfanne Puderzucker und ungeschälte Mandeln auf dem Feuer so lange rühren, bis der Zucker
hellbraun karamelisiert ist und die Mandeln darin eingehüllt
sind. Die fertigen Mandeln rasch auf eine geölte Porzellanplatte
geben und trocknen lassen.

Grillage

---

500 g Puderzucker

---

500 g grobgemahlene Nüsse oder Mandeln

Den Puderzucker zu hellgelber Farbe rösten, dann die Nüsse
oder Mandeln daruntermengen und kurze Zeit am Herd rühren.
Danach die Masse schnell auf eine gut gebutterte oder geölte
Porzellanplatte legen und dünn ausrollen. Noch heiß in Streifen
schneiden und diese rasch über einem Nudelholz zu Bögen formen. Man kann sie auch nur in Vierecke schneiden. Da Grillage
sehr schnell kalt und hart wird, muß man die Porzellanplatte öfter in das warme Rohr stellen. Man kann das fertige Konfekt
auch mit Schokoladenglasur überziehen.

Walnußkonfekt

(Foto Seite 265)

---

100 g getrocknete Aprikosen · 100 g Marzipanrohmasse

---

3 EL Mandellikör (Amaretto) · 50 g Puderzucker

---

ca. 75 g Walnußhälften · etwas Öl zum Bepinseln

---

1 Paket Schokoladenfettglasur (100 g)

Aprikosen in kleine Würfel schneiden. Mit Marzipanrohmasse, Mandellikör und Puderzucker verkneten. Von der Masse jeweils 1 TL abnehmen und zwischen zwei Walnußhälften drücken. Alufolie mit Öl bepinseln. Schokoladenfettglasur nach Vorschrift schmelzen. Konfekt auf eine Gabel legen, zur Hälfte in die Glasur tauchen. Auf der Alufolie oder einem Kuchengitter ablegen und trocknen lassen. Kühl aufbewahren.

Kandierte Veilchen

---

250 g frisch gepflückte, stark duftende Veilchen

---

250 g Zucker

Die Stiele der Veilchen hinter den Blüten abtrennen, Veilchenköpfe waschen, gut abtropfen lassen, dann noch auf ein Tuch legen und vorsichtig abtupfen. Den Zucker bis zum großen Flug (siehe »Das Läutern des Zuckers«, Seite 311) kochen, die Veilchen hineingeben und 2 Minuten kochen. Vom Feuer nehmen und die Veilchen so lange rühren, bis der Zucker körnig wird. Die Masse schnell auf einen Durchschlag schütten, damit der an den Blüten nicht fest sitzende Zucker abfällt. Die Veilchen eine Stunde in einer lauwarmem Röhre abtrocknen lassen, dann abgekühlt in einem gut schließenden Glasbehälter aufbewahren.

Cognac-Pflaumen

---

250 g entkernte, bosnische Pflaumen · etwas Cognac

---

etwa 100 g geschälte Mandeln

FÜR DAS MARZIPAN:

---

200 g geschälte, geriebene Mandeln

---

200 g Puderzucker · etwas Eiweiß

---

nach Wunsch etwas rote Speisefarbe

ZUM WENDEN:

---

*etwas Hagelzucker, mit einigen feingehackten
Pistazien vermischt*

Den Kern der Pflaumen durch eine geschälte Mandel ersetzen, die Pflaumen mit Cognac übergießen, 20 Minuten stehen- und dann abtropfen lassen. Inzwischen aus den angegebenen Zutaten eine Mandelmasse herstellen, nach Wunsch rosa färben und auf einem mit Zucker bestreuten Brett ausrollen. Kleine Rechtecke in Größe der Pflaumen schneiden, in jedes eine Pflaume einrollen, in Hagelzucker wälzen und trocknen lassen.

Aprikosenkonfekt

---

1 EL feste Aprikosenmarmelade · 1 EL Zitronensaft

Puderzucker nach Bedarf

Die Aprikosenmarmelade mit dem Zitronensaft verrühren und so viel Zucker beigeben, daß ein schmiegsamer, glatter Teig entsteht. Daraus Kränzchen oder Brezeln formen und trocknen lassen.

v. o. n. u.: *Schokoladenkonfekt, Walnußkonfekt, Vanillekipferl, Mandelplätzchen, Spritzgebäck, Haferflockenkekse* (Rezepte S. 233, 263, 90, 132, 130, 126)

Fruchtscheiben

70 g Zucker · 70 g geschälte, geriebene Mandeln · 4 EL Wasser

je 30 g Datteln, Feigen und Orangeat feinstgeschnitten

kleine, runde Oblaten

Zitronenglasur (siehe Seite 306)

Zucker und Wasser einmal aufkochen, die Mandeln daruntergeben und gut durchkochen lassen. Die übrigen Zutaten untermengen und die Masse auf die Oblaten streichen und erkaltet mit Zitronenglasur überziehen.

Apfelstangen

1 kg Winteräpfel · Zucker nach Bedarf

100 g feingeschnittenes Zitronat

120 g geschälte, geriebene Mandeln

Die Äpfel waschen und nur die Stiele und Blüten entfernen. In dünne Scheiben schneiden, mit wenig Wasser weich kochen und durch ein Sieb streichen. Das erhaltene Apfelmus abwiegen und die gleiche Menge Zucker daruntermischen. Auf dem Herd so lange rühren, bis sich die Masse vom Topf löst. Vorsicht, das Apfelmus brennt leicht an! In die heiße Masse die übrigen Zutaten mengen und erkalten lassen. Danach auf ein mit Zucker bestreutes Brett geben, kleinfingerdicke, gleichmäßige Stangen formen und diese in grobem Zucker wälzen; trocknen lassen.

Karamelkugeln

---

180 g Würfelzucker · ⅛ l Wasser

---

80 g grobgeschnittene und 80 g geröstete, geriebene Haselnüsse

---

ZUM ÜBERZIEHEN:

Schokoladenglasur (siehe Seite 305)

Den Würfelzucker mit Wasser anfeuchten und am Herd bräunen. Mit ⅛ l kaltem Wasser aufgießen und so lange kochen, bis eine klebrige Masse entsteht — zwischen zwei Finger genommen, muß die Masse wie Lack kleben. Dann vom Herd nehmen und so lange rühren, bis sie dick ist. Nun die Haselnüsse untermengen, mit feuchten Händen gleichmäßige Kugeln formen und mit Schokoladenglasur überziehen. Man kann die Kugeln nach Wunsch auch in gerösteten, geriebenen Haselnüssen wenden.

Kandierte Orangenschalen (Arancini)

Orangenschalen · 250 g Zucker · etwas Wasser

Ungespritzte Orangenschalen gut waschen und abtrocknen. Entweder in 1 cm breite Streifen schneiden oder mit einer kleinen runden oder ovalen Form Scheibchen ausstechen. Diese in etwas Wasser weich kochen, mit kaltem Wasser überspülen und abtropfen lassen. Zucker mit einigen Löffeln Wasser etwa 5 Minuten kochen, die Orangenschalen in das Zuckerwasser legen, etwas darin kochen lassen und kalt stellen. Dann wieder aufkochen und kalt stellen. Dies so oft wiederholen, bis der Zucker ganz dick ist. Erkaltet auseinanderbrechen.

Kandierte Früchte und Nüsse

---

250 g Zucker

---

beliebige feste, entkernte Früchte: Kirschen,
Mandarinenschnitze, Zitronenschnitze, Erdbeeren
(auch tiefgekühlt und aufgetaut) oder Nußkerne

Zucker mit $\frac{1}{4}$ l Wasser einige Minuten kochen lassen, bis ein Tropfen davon, zwischen Daumen und Zeigefinger genommen, einen Faden zieht. Das gut gewaschene und abgetrocknete, feste Obst hineintauchen und auf einer geölten Marmor- oder Porzellanplatte trocknen lassen. Es muß sich eine harte Kruste bilden.

Marzipan
zum Selbermachen

Die Industrie stellt Marzipan in großen Mengen her, denn es gehört schon seit Jahrhunderten zu den feinsten und beliebtesten Süßigkeiten. Schön verpackt, wird es in viele Länder geschickt und fehlt wohl unter keinem Weihnachtsbaum. Am berühmtesten ist das aus Königsberg und Lübeck stammende Marzipan. Königsberger Marzipan wird, im Unterschied zum Lübecker, nach dem Ausformen kurz überflammt und ist dadurch besonders haltbar.

Marzipanmasse besteht aus geschälten, geriebenen Mandeln, Zukker und Rosenwasser. Die Zutaten werden sorgfältig vermischt. Die Masse wird oft mit den verschiedenartigsten Gewürzen geschmacklich verbessert und manchmal auch gefärbt.

Versuchen Sie aus den folgenden Marzipanrezepten selbst Kartoffeln, Brot, Früchte oder Figuren zu formen, sie zu glasieren und verzieren Sie Ihr Marzipankonfekt ganz nach Wunsch und Laune.

Feine Marzipanmasse

500 g große Mandeln · 6 Tropfen Bittermandelöl	
500 g gesiebter Puderzucker · 2–4 EL Rosenwasser	

Die Mandeln 24 Stunden in kaltes Wasser legen, damit sie schön weiß bleiben. Die Haut abziehen und nach dem Schälen nochmals in kaltes Wasser legen, das man öfter wechseln soll. Danach die Mandeln sehr gut abtrocknen, durch eine ganz saubere Mandelmühle drehen und anschließend im Mörser so fein wie möglich stoßen. Dann gibt man die Mandeln mit 300 g Zucker und 2 EL Rosenwasser in einen Kupferkessel und rührt die Masse mit einem neuen Kochlöffel auf dem Herd, bis sich die Masse vom Topf löst. Diese Masse gibt man auf ein Brett und arbeitet den restlichen Zucker und das Bittermandelöl – wenn nötig noch einige Tropfen Rosenwasser zugeben – sehr gut ein.

Marzipanmasse

250 g geschälte Mandeln · 250 g Puderzucker

1–2 EL Rosenwasser

Gut getrocknete Mandeln mehrere Male durch die Mandelmühle treiben oder im Mörser sehr fein stoßen. Mit dem gesiebten Puderzucker und dem Rosenwasser auf einem Brett sehr gut durchkneten. Die Masse über Nacht zugedeckt stehenlassen und am anderen Tag zu beliebigem Konfekt verarbeiten.

Königsberger Marzipanmasse

250 g Mandeln · 250 g gesiebter Puderzucker · 2 Eiweiß

einige Spritzer Zitronensaft

Geschälte Mandeln gut trocknen lassen, zweimal durch die Mandelmühle drehen und mit Eiweiß und Zitronensaft zu einer geschmeidigen Masse verarbeiten.

Marzipan nach Königsberger Art

1 Rezept Königsberger Marzipan · 1 Eigelb

Aus der Marzipanmasse kleine, gleichmäßige Brezeln und Schnekken formen. Diese mit Eigelb bepinseln und mit einem erhitzten Marzipaneisen überbacken.

Wiener Marzipan

300 g Zucker · ⅛ l Wasser

300 g geschälte, geriebene Mandeln

ZUM ÜBERZIEHEN:

Schokoladen- oder Rumglasur (siehe Seite 305, 307)

ZUM VERZIEREN:

kandierte Früchte

Zucker und Wasser zum Faden spinnen (siehe »Das Läutern des Zuckers, Seite 311), mit den Mandeln vermengen. Die Masse muß so fest sein, daß man Kugeln daraus formen kann (ist sie zu weich, noch einige geriebene Mandeln, ist sie zu fest, noch etwas Wasser zugeben). Die Kugeln in eine beliebige Glasur tauchen, verzieren und trocknen lassen. In Bonbonkapseln anrichten.

Lübecker Marzipan

500 g geschälte süße Mandeln · 6 Tropfen Bittermandelöl

500 g Puderzucker · 3 EL Rosenwasser

Abgezogene, trockene Mandeln zweimal durch die Mandelmühle drehen oder im Mörser so fein wie irgend möglich zerreiben. Mit Bittermandelöl Zucker und Rosenwasser gut vermischen und in einem Topf, auf kleinster Flamme, unter ständigem Rühren so lange erhitzen, bis sich der Brei vom Topfrand löst. Die Masse in ein feuchtes Tuch einschlagen und drei Tage liegen lassen. Danach zu verschiedenem Konfekt verarbeiten.

Thorner Marzipan

250 g Puderzucker · 2 EL Zitronensaft · 1 EL Rum

150 g geschälte, gemahlene Mandeln · 50 g feingehackte Pistazien

50 g gewiegte Rosinen

50 g feingeschnittene Pignoli (Pinienkerne)

50 g feingehacktes Orangeat · Oblaten

Alle Zutaten zu einem festen Teig gut verkneten. Auf Oblaten streichen und wieder mit Oblaten abdecken. Dann in schmale Streifen schneiden, auf ein Blech legen und im kühlen Rohr trocknen lassen.

Italienisches Marzipan

250 g Puderzucker · 150 g geschälte, gestiftelte Mandeln

je 70 g feingehackte Pistazien, Pignoli (Pinienkerne) und Zitronat

etwas Zitronensaft

Den Zucker auf dem Herd unter ständigem Rühren zerfließen lassen, er darf aber nicht braun werden. Sehr schnell die übrigen Zutaten mit dem flüssigen Zucker verrühren und die Masse auf ein mit kaltem Wasser abgespültes Brett streichen. Mit feuchtem Nudelholz bleistiftdick ausrollen und mit einem großen Messer, das man immer wieder in Wasser tauchen muß, in Quadrate schneiden. Diese an der Luft trocknen lassen.

Nußmarzipan

250 g Puderzucker · 250 g Nüsse · ¼ Eigelb

1 EL Rosenwasser

ZUM GLASIEREN:

Schokoladen- oder Rumglasur

Zucker und Nüsse zweimal durch die Mandelmühle drehen. Mit Eigelb und Rosenwasser gut verkneten. Aus dem Teig Kugeln, Brezeln oder Kipferl formen, mit beliebiger Glasur überziehen und trocknen lassen.

Pâte d'amandes

(Originalrezept aus Nancy)

250 g Puderzucker
250 g geschälte, feinstgeriebene Mandeln
2 Gläschen Kirschwasser

Alle Zutaten zu einer feinen, glatten Masse verarbeiten. Nach Belieben Geschmackszutaten wählen: entweder geriebene Schokolade, etwas Obstgelee oder etwas Punsch.

Verwendung:

als Marzipan;
als Königsberger Marzipan — ein Eiweiß einarbeiten;
als gebackenes Marzipan — auch hier ein Eiweiß einarbeiten;
als Pralinenfülle;
zum Umhüllen verschiedener Früchte.

Soll die Masse sehr schaumig werden, arbeitet man 1 Eiweiß, 50 g Kartoffelmehl und 6 eingekochte, pürierte Aprikosen ein. Die dann entstehende Masse ausrollen, beliebig ausstechen und in der mäßig heißen Röhre backen.

Zürcher Marzipanleckerli

Nicht nur Lübeck und Königsberg haben ihr berühmtes Marzipan, auch die Züricher sind sehr stolz auf ihre Marzipanerzeugnisse, und das mit Recht! Natürlich hängen sie an das Marzipan noch ›Leckerli‹ an, und es ist tatsächlich eine Spezialität besonderer Art.

---

500 g geschälte, süße Mandeln · 6—8 Tropfen Bittermandelöl

500 g gesiebter Puderzucker · 2 Eier, getrennt

2 EL Rosenwasser

ZUR GLASUR:

250 g gesiebter Puderzucker · 1 Eiweiß

2 EL Zitronensaft

Geschälte Mandeln 2 Tage trocknen lassen, dann ganz fein mahlen und sieben, damit keine Mandelstückchen in den Teig kommen. Das Mandelmehl mit dem Puderzucker, den Eiweiß, dem Bittermandelöl und dem Rosenwasser in einer Schüssel vermischen und im Wasserbad so lange rühren, bis sich der Teig vom Boden löst. Aus dem Wasserbad nehmen, die Eigelb unterrühren, den Teig auf einem mit Puderzucker bestreuten Brett nochmals gut durcharbeiten und etwa 1 cm dick ausrollen. Mit einer Lekkerli-Model — in der Schweiz erhältlich — Abdrücke auf den ausgewellten Teig machen. Sollten keine Model zur Verfügung stehen, schneidet man aus dem Teig Vierecke, legt diese auf ein mit Mehl bestäubtes Brett, bepinselt sie mit Rosenwasser und läßt sie zwei Tage bei Zimmertemperatur trocknen. Dann setzt man sie auf ein gefettetes, bemehltes Blech und trocknet sie (nicht backen) im vorgeheizten Rohr. Noch heiß mit Zuckerglasur bestreichen. Dafür den Puderzucker mit allen übrigen Zutaten glattrühren.

Backhitze: 120 Grad · *Backzeit:* ca. 15 Minuten

Berliner Marzipanherzen

500 g geschälte Mandeln · 500 g gesiebter Puderzucker

etwas Rosenwasser

ZUR GLASUR:

250 g Puderzucker · je 1 EL Rum

Zitronensaft und heißes Wasser

ZUM VERZIEREN:

kandierte Früchte

Die geschälten Mandeln gut trocknen, fein mahlen und mit Zukker und Rosenwasser auf dem Brett zu einer glatten Masse verarbeiten. Diese ½ cm dick ausrollen und Herzen ausstechen. Dann 2 cm breite Streifen abschneiden, die Ränder der Herzen mit Eiweiß bestreichen und die Streifen aufrecht stehend als Rand ankleben. Mit einer dünnen Spicknadel den Rand einkerben und mit einem heißen Marzipaneisen nur den Rand bräunen. Für die Glasur den Puderzucker mit den angegebenen Zutaten gut verrühren und mit der dicklichen Masse vorsichtig das Innere der Herzen überziehen. Der braune Rand darf nicht glasiert werden! Die Herzen mit kleingeschnittenen, kandierten Früchten verzieren.

Marzipanbrot

1 beliebige Marzipanmasse

1 Rezept Schokoladenglasur (siehe Seite 305)

Aus der Marzipanmasse ein großes oder mehrere kleine Brote formen. Diese mit Schokoladenglasur überziehen und nach Wunsch mit buntem Zucker bestreuen. Gut trocknen lassen.

Schokoladenmarzipan

100 g feingeriebene Mandeln

200 g Puderzucker · 120 g geriebene Schokolade

etwas Kakao · ein wenig Eiweiß

ZUM ÜBERZIEHEN:

Schokoladenglasur

ZUM VERZIEREN:

gehackte Pistazien oder kandierte Früchte

Aus den Zutaten eine Marzipanmasse arbeiten, diese ausrollen, Formen ausstechen und über Nacht stehenlassen. Dann glasieren und beliebig verzieren.

Mozartkugeln aus Marzipan

150 g geschälte Mandeln · 150 g Puderzucker

1 kleines Eiweiß · etwas Bittermandelöl

1–2 TL Rosenwasser

ZUM WENDEN:

geriebene Schokolade

Geschälte, trockene Mandeln zweimal mit dem Puderzucker durch die Mandelmühle drehen und mit dem Eiweiß und dem Rosenwasser gut vermengen. Die Masse so lange kneten, bis sie ganz weich ist. Kleine Kugeln daraus formen und in der geriebenen Schokolade wälzen.

Marzipankartoffeln

1 beliebige Marzipanmasse

etwas Puderzucker, vermischt mit Kakao

Aus der Marzipanmasse gleichmäßige Kugeln, etwa 3—4 cm Durchmesser, formen, diese in dem mit Kakao vermischten Puderzucker wälzen und zwei- bis dreimal einkerben.

Marzipanpilze

120 g geschälte, geriebene Mandeln · 150 g Puderzucker

1 Eiweiß · 50 g geriebene Schokolade

Aus Mandeln, Zucker und Eiweiß eine glatte Masse arbeiten und diese halbieren. Eine Hälfte gut mit Schokolade vermischen. Aus der weißen Hälfte die Stiele der Pilze formen, aus der dunklen die Köpfchen. Mit Eiweiß Stiele und Köpfchen zusammenkleben und die Pilze an einem warmen Ort trocknen lassen. Nach Wunsch kann man die Pilze auch mit Schokoladenglasur überziehen und mit buntem Zucker bestreuen oder mit weißer Glasur betupfen.

Marzipanblätter

(Foto Seite 211)

---

1 Vanilleschote · 150 g Mehl · 50 g Zucker · 1 Prise Salz

100 g Butter · 3 Eigelb · 3 EL Amaretto (italienischer Likör)

2 EL Schokoladenraspeln · 200 g Marzipanrohmasse

2 EL Puderzucker

Die Vanilleschote mit einem scharfen Messer der Länge nach aufschneiden, das Mark herauskratzen. Mehl, Zucker und Salz mischen. Mit Vanillemark, der Butter in Flöckchen und 1 Eigelb zu einem glatten Teig kneten. Zur Kugel formen, in Folie wickeln und 1 Stunde kalt stellen.

Den Teig kurz durchkneten, dann auf der mit Mehl bestäubten Arbeitsfläche zu einem Rechteck von etwa 30 × 22 cm ausrollen. Restliches Eigelb mit Amaretto verrühren, den Teig mit ⅓ der Mischung bepinseln. Schokoladenraspeln daraufstreuen. Die Marzipanrohmasse leicht durchkneten. Die Arbeitsfläche mit gesiebtem Puderzucker bestreuen. Die Marzipanrohmasse darauf zu einem Rechteck von 30 × 18 cm ausrollen. Auf die Mitte der Teigplatte legen und mit dem zweiten Drittel der Eigelbmischung bepinseln. Die Teigplatte von der Längsseite vorsichtig zusammenrollen und auf die Nahtstelle legen. 30 Minuten kalt stellen. Dann mit einem scharfen Messer in ½ cm dicke Scheiben schneiden. Auf mit Backtrennpapier belegte Bleche legen. Mit der restlichen Eigelbmischung bepinseln. Im vorgeheizten Ofen backen. Auf Kuchengittern auskühlen lassen.

Backhitze: 200 Grad · *Backzeit:* 12–15 Minuten

Marzipan-Nuß-Würfel

(Foto Seite 125)

---

4 Eier · 200 g Zucker · 1 Prise Salz

---

250 g Haselnüsse (gemahlen) · 450 g Sauerkirschmarmelade

---

300 g Marzipanrohmasse · 100 g Puderzucker

---

200 g bittere Kuvertüre

---

20 g Nonpareille (kleine, bunte Zuckerperlen)

Die Eier trennen. Die Eigelb mit 100 g Zucker und Salz schaumig rühren. Die Eiweiß mit dem restlichen Zucker zu steifem Schnee schlagen. Eischnee und Haselnüsse unter die Eigelbmasse heben und gleichmäßig auf ein gefettetes Backblech (Blechbreite 30 cm) streichen. Im vorgeheizten Ofen backen. Die Teigplatte etwas auskühlen lassen, dann gleichmäßig mit Marmelade bestreichen. Die Marzipanrohmasse mit Puderzucker verkneten. Die Arbeitsfläche mit etwas Puderzucker bestäuben, das Marzipan in der Größe der Teigplatte ausrollen und darauflegen. Kuvertüre im Wasserbad auflösen, temperieren und gleichmäßig auf das Marzipan streichen. Sofort mit Nonpareille bestreuen, bevor die Kuvertüre fest wird. Das Gebäck längs und quer in kleine Würfel schneiden.

Backhitze: 200 Grad · *Backzeit:* 20 Minuten

Marzipanpralinen

1 beliebige Marzipanmasse · kandierte Früchte

geröstete Haselnüsse oder geschälte Mandeln

ZUM ÜBERZIEHEN:

Kuvertüre

Aus der Marzipanmasse eine Rolle formen, Scheiben abschneiden und in jede Scheibe eine kandierte Frucht oder Nuß rund oder oval, je nach der Form der Frucht, einwickeln. Auf ein Stäbchen stecken und in die im Wasserbad erweichte Kuvertüre tauchen. Zum Trocknen auf ein Kuchengitter stellen. In Bonbonkapseln anrichten.

Frankfurter Brenten
(Originalrezept von Goethes Mutter)

500 g geschälte, feinstgeriebene Mandeln

500 g Puderzucker · 2 EL Rosenwasser · 1 Eiweiß

50 g feinstes Mehl

Mandeln, Zucker und Rosenwasser bei kleiner Flamme unter ständigem Rühren so lange rösten, bis die Masse trocken, aber noch weiß ist. Die Brentenmasse in ein mit Zucker ausgestreutes Steingut- oder Tongefäß geben, mit einem feuchten Tuch bedekken und an einen kühlen Ort stellen. Einen Tag stehenlassen, erst dann mit Eiweiß und Mehl verkneten. Den Teig dünn ausrollen, beliebige Formen ausstechen, auf ein gewachstes Blech setzen und bei schwacher Hitze im vorgeheizten Rohr hellgelb backen.

Backhitze: 150 Grad · *Backzeit:* ca. 20 Minuten

Marzipanmazurek

(Polnische Spezialität)

---

250 g Butter · 250 g Zucker · 5 Eier, getrennt

*100 g süße Mandeln, 20 g bittere Mandeln, jeweils
geschält und fein gemahlen*

250 g Mehl · 1 EL Rum · 1 EL Vanillezucker

ZUM BESTREUEN:

etwas Zucker · 50 g geschälte, geriebene Mandeln

Butter und Zucker schaumig rühren, nach und nach die Eigelb
zugeben, die Masse 30 Minuten abtreiben. Die anderen Zutaten
unter Rühren zugeben, das Mehl einsieben und zum Schluß den
mit dem Vanillezucker vermischten, steifen Eischnee unterheben.
Die Masse auf ein gebuttertes Blech streichen, mit etwas Zucker
und einigen süßen Mandeln bestreuen und im vorgeheizten Rohr
hell backen. Noch warm in Rauten schneiden.

Backhitze: 200 Grad · *Backzeit:* ca. 50 Minuten

v.l.n.r.: *Schmalzplätzchen, Nougattaler, Ingwernüsse, Mini-Florentiner, Schokoladenbrezeln, Biberli* (Rezepte S. 81, 83, 138, 256, 92, 48)

Selbstgebackenes
für Diabetiker

Die Zuckerkrankheit — Diabetes — ist zu einer Zivilisationskrankheit geworden. In jeder zweiten mitteleuropäischen Familie findet sich ein Diabetiker. Aber wenn es sich nicht um eine verschärfte Form der Krankheit handelt, brauchen auch die zuckerkranken Familienmitglieder auf weihnachtliche Leckereien nicht zu verzichten. Wir geben hier eine Reihe von Rezeptbeispielen, nach BE aufgeschlüsselt.

Um den BE-Gehalt jedes einzelnen Plätzchens oder Kuchenstückchens zu berechnen, brauchen Sie nur den Gesamtgehalt durch die Anzahl an Keksen usw. Kuchenstücken zu teilen. Erfahrungsgemäß geraten gerade Plätzchen sehr verschieden groß, so daß dies die sicherste Methode der Berechnung ist.

Mürbe Kekse

Gesamtkalorienwert: 2855
Kohlehydrate gesamt: 338 g = ca. 28 BE

150 g Butter · 150 g Fruchtzucker oder Sionon ›zuckersüß‹
250 g Hafermehl · 3 Eier · 1 Gläschen Weinbrand
1 Msp Zimt

Alle Zutaten zu einem Teig verkneten und über Nacht ruhen lassen. Ausrollen, Kekse ausstechen, auf ein leicht gefettetes Blech legen und hellbraun backen.

Backhitze: 200 Grad · *Backzeit:* ca. 10 Minuten

Mandelmakronen

Gesamtkalorienwert: 2498
Kohlehydrate gesamt: 140 g = knapp 12 BE

60 g Butter · 100 g Fruchtzucker Sionon ›zuckersüß‹
4 hartgekochte, kleingehackte Eier
180 g geschälte, geriebene Mandeln
ZUM BESTREICHEN:
etwas Eiweiß
ZUM VERZIEREN:
20 g geschälte, halbierte Mandeln

Alle Zutaten auf dem Brett zu einem Teig verarbeiten, walnußgroße Kugeln formen, in der Mitte etwas eindrücken, mit Eiweiß
bestreichen, mit ½ Mandel verzieren und auf einem gefetteten
Blech im vorgeheizten Rohr backen.

Backhitze: 180 Grad · *Backzeit:* ca. 30 Minuten

Nußmakronen

Gesamtkalorienwert: 1680
Kohlehydrate gesamt: 94 g = ca. 8 BE

4 Eier, getrennt · 60 g Sionon ›zuckersüß‹ oder Fruchtzucker
180 g geriebene Nüsse
abgeriebene Zitronenschale von ¼ Zitrone
kleine Oblaten

Eigelb und Sionon oder Fruchtzucker schaumig rühren und steifen Eischnee sowie Zitronenschale und -saft unterziehen. Die geriebenen Nüsse unterheben, von der Masse kleine Häufchen auf Oblaten setzen und im vorgeheizten Rohr backen.

Backhitze: 150 Grad · *Backzeit:* ca. 20 Minuten

Kokosmakronen

Gesamtkalorienwert: 1018
Kohlehydrate gesamt: 102 g = 8,5 BE

100 g Kokosraspeln · 75 g Fruchtzucker
1 EL Zitronensaft oder Sanddornvollfrucht, ungesüßt
3 Eischnee · 24 Oblaten

Den steifen Eischnee mit den Kokosraspeln, dem Zucker und Fruchtsaft mischen, aus der festen Masse mit 2 Teelöffeln schiffchenförmige Makronen formen, auf Oblaten setzen, auf einem Backblech im vorgeheizten Rohr mehr trocknen als backen. Die abgekühlten Makrönchen von den Oblaten trennen oder diese beschneiden.

Backhitze: 150 Grad · *Backzeit:* ca. 25 Minuten

Sandtorte

Gesamtkalorienwert: 1404
Kohlehydrate gesamt: 164,5 g = ca. 14 BE

---

75 g Butter · 65 g Fruchtzucker oder Sionon ›zuckersüß‹

---

2 Eier · abgeriebene Schale von je ¼ Zitrone oder Orange

---

100 g Weizenmehl Type 550 · 25 g Stärkemehl

---

1 gestrichener TL Backpulver

Aus Butter, Fruchtzucker oder Sionon und Eiern eine Schaummasse herstellen, Zitronen-, Orangenschale, das Stärkemehl und das mit Backpulver vermischte Mehl nach und nach einrühren. Die Masse in eine gefettete, mit Backpapier ausgelegte kleine Tortenform geben und im vorgeheizten Rohr langsam backen.

Backhitze: 180 Grad   *Backzeit:* ca. 50 Minuten

Marmorplätzchen

Gesamtkalorienwert: 1251
Kohlehydrate gesamt: 162 g = ca. 13½ BE

---

125 g Weizenmehl Type 550 · ½ TL Backpulver

---

60 g Fruchtzucker · 2 TL Wasser · 75 g Reformmargarine

---

1 gestrichener EL Kakao

Das Mehl mit dem Backpulver vermischen und in eine Schüssel sieben. In die Mitte eine Grube drücken. Fruchtzucker mit dem Wasser verrühren, in die Grube gießen und mit etwas Mehl zu einem Brei verrühren. Die Margarine in Flöckchen darüber verteilen und nun alle Zutaten zu einem glatten Teig verarbeiten. Diesen auf ein bemehltes Brett legen, ein Drittel des Teiges mit dem Kakao verarbeiten. Aus dem hellen Teig eine Rolle formen, diese mit dem Nudelholz plattdrücken, in die Mitte eine Rolle aus dem dunklen Teig legen und mit dem weißen Teig umhüllen. Die Rolle 30 Minuten kalt stellen. Danach in ½ cm dicke Scheiben schneiden und auf einem gefetteten Blech im vorgeheizten Rohr backen.

Backhitze: 200 Grad · *Backzeit:* ca. 15 Minuten

Orangentorte

Gesamtkalorienwert: 1080
Kohlehydrate gesamt: 181 g = ca. 15 BE

ZUM MÜRBETEIG:
120 g Weizenmehl Type 550 · 25 g Vollsojamehl
20 g Reformmargarine · 20 g Fruchtzucker · 1 Ei · 2 EL Wasser
1 gestrichener TL Backpulver
ZUM BELAG:
260 g in Schnitze zerlegte Orangen · 5 g Linusit
ZUM GUSS:
4 g Agar-Agar · 4 EL Wasser · 30 g Fruchtzucker
2 EL Sanddorn-Vollfrucht, ungesüßt

Das mit dem Backpulver vermischte Mehl auf das Backbrett sieben, die Margarine in Flöckchen darauf verteilen und mit dem Mehl zwischen den Fingern verreiben, bis alles gut verteilt ist. Fruchtzucker, das Ei und die Hälfte des Wassers in die Teigmitte geben, alles gut zusammenkneten, Flüssigkeit nach Bedarf hinzufügen, so daß ein ausrollfähiger Teig entsteht; 30 Minuten kühl stellen. Den Teig etwas größer als den Boden der Backform ausrollen, mit wenig Mehl bestäuben, vierfach falten und in der gefetteten Form ausbreiten. Vor dem Backen den Teigboden mehrfach mit einer Gabel einstechen, damit er sich beim Backen nicht wirft. Den Teigboden hellgelb backen. Ist der Tortenboden ausgekühlt, ihn mit Linusit bestreuen und die Orangen hübsch darauf verteilen. Den Guß zubereiten: Wasser und Fruchtsaft mit Agar-Agar verrühren, auf 50 °C erwärmen, etwas abkühlen lassen und vor dem Erstarren schnell das Obst damit beträufeln. Die Torte ist bis zum Verbrauch möglichst kühl zu halten.

Backhitze: 200 Grad · *Backzeit:* ca. 15 Minuten

Anmerkung: Linusit, Agar-Agar und Sanddorn-Vollfrucht erhalten Sie im Reformhaus.

Gewürzkuchen

Gesamtkalorienwert: 898
Kohlehydrate gesamt: 118 g = knapp 10 BE

100 g Vollkornmehl · 5 g Hefe · 1 Ei
20 g Reformmargarine
30 g gemahlene Haselnüsse · 1 Msp Ingwerpulver
½ TL Zimt · 1 Msp Nelkenpulver
40 g Fruchtzucker · etwa 4 EL Wasser

Das Mehl kranzförmig in einer Schüssel anhäufen (2 EL zurückhalten), die Hefe in die Mitte geben, mit ½ TL Fruchtzucker bestreuen, 2 EL lauwarmes Wasser darübergießen und an warmer Stelle aufgehen lassen. Nach und nach das Ei, die zerlassene Margarine (lauwarm) und den Fruchtzucker einrühren, löffelweise das restliche Wasser zugeben, gemahlene Nüsse und Gewürze gut unterkneten und zuletzt, wenn nötig, das zurückgelassene Mehl. Den Teig zu einer Rolle formen und in die mit Margarine ausgefettete Kastenform (25 cm) füllen. Nochmals kurz gehen lassen und im vorgeheizten Rohr backen. Dieser Kuchen hält sich lange frisch!

Backhitze: 175 Grad · *Backzeit:* ca. 30 Minuten

Selbstgebastelte Leckereien

Wenn Sie Ihre Kinder, die Familie oder Freunde mit einem Hexenhaus, einem Weihnachtsmann, Max und Moritz, einem Auto, einer Eisenbahn oder anderen Figuren, vielleicht mit den großen Anfangsbuchstaben des jeweiligen Vornamens überraschen wollen, können Sie die folgenden Honigkuchenteige dazu verwenden. Haben Sie nur Mut, es ist gar nicht so schwer und macht Ihnen selbst sicher viel Spaß.

Schneiden Sie sich aus festem Papier ein Muster, das Sie dann auf den rohen oder gebackenen Teig (welcher jeweils geeignet ist, folgt in den Rezepten) legen und ausschneiden. Sorgen Sie für genügend Zutaten zum Verzieren. Sie brauchen Eiweiß und Puderzucker für die Glasur (Rezept Seite 305), festes Pergamentpapier zum Formen der Spritztüten, denen die Spitze abgeschnitten wird. Sie brauchen weiter je eine Tüte mit einer größeren und kleineren Öffnung, Liebesperlen, große und kleine Schokoladenplätzchen mit Buntzucker, Mandeln, Haselnüsse, Rosinen, Korinthen, kleine Kekse, Zuckerherzen, Lakritzkonfekt, kleine Geleefrüchte u. a. mehr.

Honigkuchen

500 g Honig · 250 g Zucker

250 g halb Butter, halb Schweineschmalz · 2 Eier · 1 EL Zimt

1 TL Kardamom · ½ TL Nelkenpulver

abgeriebene Schale von 1 Zitrone

10 g Pottasche, in 2 EL Rosenwasser aufgelöst

1 kg Mehl

Honig, Zucker und Fett langsam am Herd zergehen lassen und kalt stellen. In die noch lauwarme Masse Eier, Gewürze, Pottasche rühren und zum Schluß das Mehl gut einarbeiten. Den Teig über Nacht stehenlassen. Am anderen Tag ½ cm dick ausrollen, nach Muster beliebige Formen ausschneiden, in diese kleine Löcher stechen, damit sich keine Blasen bilden, und auf einem mit Backpapier belegten Blech im vorgeheizten Rohr backen. Sollten die Figuren etwas auseinanderlaufen, noch heiß geradeschneiden.

Backhitze: 200 Grad · *Backzeit:* ca. 20 Minuten

Feiner Honigkuchen

1 kg Honig · 500 g Zucker · 250 g geriebene Mandeln

250 g feingeschnittenes Zitronat · 3 Eier

20 g Zimt · 15 g Nelken · 20 g in Rum aufgelöste Pottasche

1½ kg Mehl

Honig und Zucker am Herd zergehen lassen und kalt stellen. In die noch lauwarme Masse nach und nach die übrigen Zutaten mischen. Den Teig gut durchkneten und über Nacht kühl stellen.

Am anderen Tag ausrollen und beliebige Formen ausschneiden. Mit Wasser bestreichen und auf einem mit Backpapier belegten Blech im vorgeheizten Rohr backen.

Backhitze: 180—190 Grad · *Backzeit:* ca. 15 Minuten

Honigkuchen, andere Art

600 g Honig · 600 g Zucker · 450 g Schmalz
3 TL Zimt · je 1 TL Nelkenpulver und Kardamom
12 g in 1 EL Wasser aufgelöstes Hirschhornsalz
je 150 g gemahlene Mandeln
kleingeschnittenes Zitronat und Orangeat
750 g Mehl

Honig, Zucker und Schmalz am Herd langsam zergehen lassen und kalt stellen. Unter die fast erkaltete Masse nach und nach die übrigen Zutaten arbeiten und den Teig gut kneten. Auf mit Backpapier belegtem Blech ½ cm dick ausrollen und im vorgeheizten Rohr backen. Sobald das Gebäck aus dem Ofen kommt, ausgeschnittene Papiermuster auflegen und ausschneiden.

Backhitze: 190 Grad · *Backzeit:* ca. 15 Minuten

Pfefferkuchenhaus

500 g Invertzuckercreme (Kunsthonig) · 200 g Zucker

2 TL Zimt · ½ TL Nelken · 1 kg Mehl · 2 Eier

2 Päckchen Backpulver

ZUR GLASUR:

6 Eiweiß · 600 g Puderzucker

ZUM VERZIEREN:

100 g Mandeln · 50 g Rosinen · 50 g Zitronat

100 g Schokoladenplätzchen, mit Buntzucker bestreut

50 g gebrannte, verzuckerte Erdnüsse

100 g Milchschokolade · 100 g Kokosflocken

100 g bunte Zuckerkugeln

ZUM AUFSTELLEN:

1 Rechteck aus Pappe, mit weißer selbstklebender Plastikfolie
bezogen, in etwa der Größe 50 × 35 cm

ZUM VORSTECHEN:

Ein spitzer Gegenstand, eine dicke, stumpfe Nadel
oder eine Stricknadel

Zahnstocher oder gespitzte Streichhölzer

ALS FENSTER:

1 Blatt rote Gelatine

Teigbereitung: Den Kunsthonig an der Herdseite zerlaufen lassen, vom Feuer nehmen, erst die Gewürze, dann die Eier und zum Schluß das mit dem Backpulver vermischte Mehl daruntergeben. Der Teig muß fest sein. ½ cm dick ausrollen und folgende Stücke ausschneiden: Längswände: 2mal 25 × 15½ cm. Seitenwände: 2mal 17 cm breit, 16 cm hoch und der Giebel noch 9½ cm bis zur Spitze. Dach: 2mal 31 × 18 cm. Aus dem Restteig Fenster, Türe, Kamin, Zaun und Bäume schneiden.

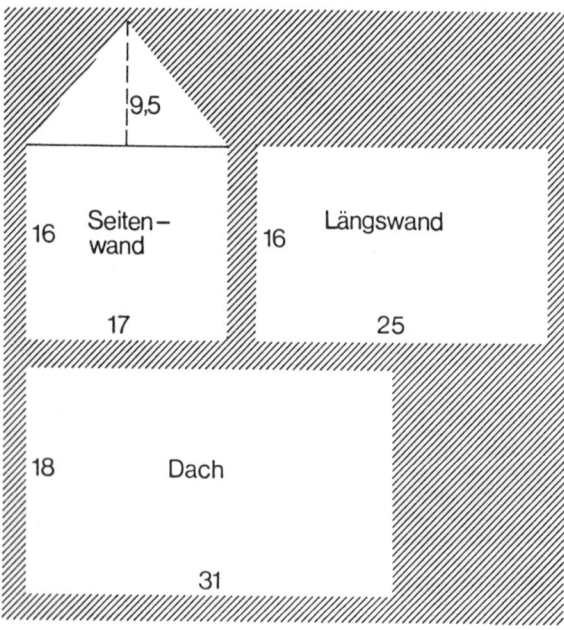

Auf gut gefetteten Blechen die großen Stücke 25 Minuten, die kleinen 15–20 Minuten im vorgeheizten Rohr bei Mittelhitze backen. Die Hälfte der Glasur, 3 Eiweiß mit 300 g Puderzucker, zu Eis verrühren und diese Masse beim Zusammensetzen der völlig erkalteten Teigstücke verwenden. Die Unterseiten der Längs- und Seitenwände mit Zuckermasse bestreichen und in der Form des Hauses auf die vorbereitete Unterlage setzen. Mit Zahnstochern oder spitzen Hölzchen die Wände — mit einer dicken Nadel vorstechen — zusammensetzen. Über diese Stellen Zuckerglasur laufen lassen, damit es noch besser zusammenklebt. Dann das Dach darauf basteln, den Kamin aufsetzen, Fenster und Türen ankleben und das Pfefferkuchenhäuschen nach Belieben verzieren. Die restlichen 3 Eiweiß mit dem restlichen Puderzucker verrühren und diese Zuckermasse als Schnee verwenden.

Honigteig für ein etwas größeres Pfefferkuchenhaus

1 kg Honig · 500 g Zucker · 250 g geriebene Mandeln
250 g feingeschnittenes Zitronat · 3 Eier · 20 g Zimt
15 g Nelken · 20 g in Rum aufgelöste Pottasche
1½ kg Mehl

Honig und Zucker aufkochen, vom Feuer nehmen und nach und nach die übrigen Zutaten daruntermischen. Alles gut verkneten und den Teig über Nacht kühl stellen. Am anderen Tag ausrollen und nach Schnitt die Teile für das Pfefferkuchenhaus ausschneiden, mit Wasser bestreichen und bei mäßiger Hitze im vorgeheizten Rohr backen.

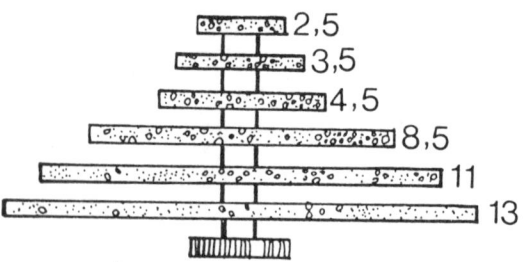

2,5
3,5
4,5
8,5
11
13

Tannenbäumchen aus Lebkuchen

250 g Invertzuckercreme (Kunsthonig) · 80 g Zucker

1 TL Zimt · 1 Msp Nelken · 1 Ei · 500 g Mehl

1 Päckchen Backpulver

ZUM VERZIEREN:

Eiweißglasur von 2 Eiweiß · etwa 200 g Puderzucker

ZUM AUSSTECHEN:

1 Stern von etwa 13 cm Ø, 1 Stern von etwa 11 cm Ø,
je 1 Stern von etwa 8½, etwa 4½ und etwa 3½ cm Ø und
1 rundes Plätzchen von etwa 2½ cm Ø.
Für ein Bäumchen benötigt man von jeder Größe
1 Stern und 5 kleine Plätzchen (die Sternenformen kann man
sich aus Pappdeckel selbst zurechtschneiden,
Vorlagen siehe nächste Seite), für jedes Bäumchen
1 Holzstäbchen

Kunsthonig auf kleiner Flamme flüssig werden lassen, vom Feuer
nehmen. Nach und nach den Zucker, die Gewürze, das Ei unterrühren und zum Schluß zwei Drittel von dem mit dem Backpulver vermischten Mehl daruntergeben. Das restliche Mehl auf ein
Brett sieben und unter gutem Kneten in den Teig einarbeiten.
Der Teig muß fest sein! ½ cm dick ausrollen, Sterne und Plätzchen ausstechen und auf einem gut gefetteten Blech bei Mittelhitze backen. Noch heiß vorsichtig vom Blech lösen und in die Mit-

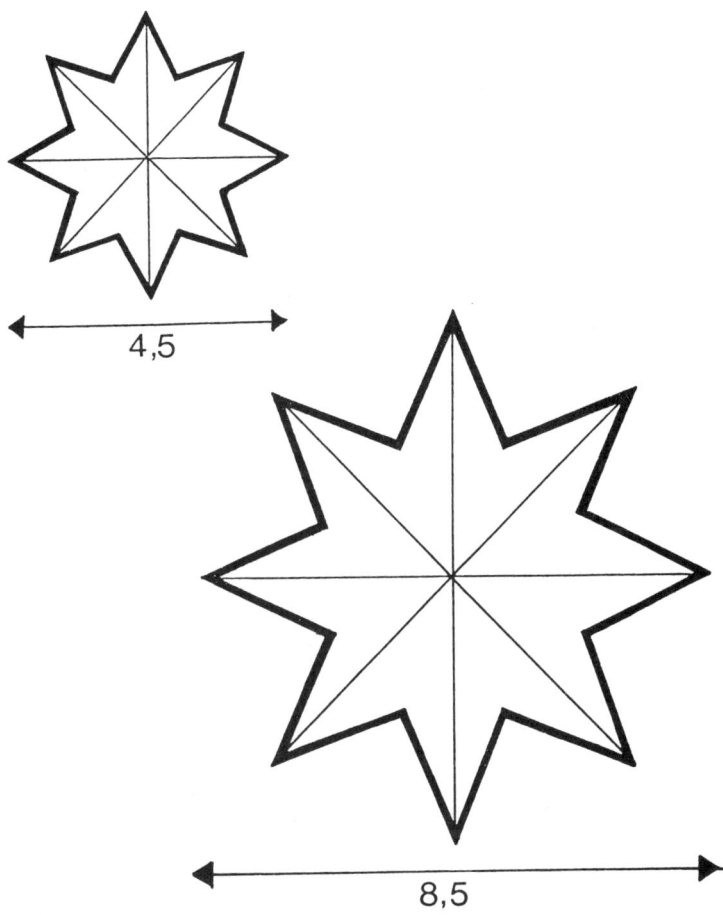

4,5

8,5

te jedes Sternes und Plätzchen mit einem Holzstäbchen stechen. Die Sterne der Größe nach auf ein Holzstäbchen stecken, zwischen jeden Stern ein Plätzchen stecken, so daß ein Bäumchen entsteht. Auf die Spitze eine Kugel aus Marzipan oder Schokolade oder auch aus Christbaumschmuck setzen, das Bäumchen mit Eiweißglasur betropfen (dafür Puderzucker sieben und mit dem Eiweiß 15 Minuten gut rühren), dann trocknen lassen.

Martinihörner

500 g Mehl · 40 g Hefe · ⅛ l Milch
80 g Zucker · 80 g Butter · 1 Ei
abgeriebene Schale von 1 ungespritzten Zitrone
ZUM BESTREICHEN:
2 EL zerlassene Butter
ZUM FÜLLEN:
je 125 g Sultaninen und Korinthen, mit 80 g geriebenen Mandeln und Nüssen und 125 g Zucker vermischt
ZUM BEPINSELN:
1 Eigelb
ZUM BESTREUEN:
Mandelblättchen
ZUM ZUCKERGUSS:
150 g gesiebter Puderzucker mit 3–4 EL heißem Wasser verrühren

Aus den angegebenen Zutaten einen Hefeteig bereiten (siehe Seite 55). Wenn er gegangen ist, in etwa 10–15 Teile teilen, jedes Teil zu einem Rechteck von 1½ cm Stärke ausrollen, dieses mit Butter bepinseln, mit Fülle belegen und zusammenrollen. Die Rolle zu einem Horn formen, mit Eigelb bestreichen, mit Mandelblättchen bestreuen und nochmals aufgehen lassen. Im vorgeheizten Rohr auf einem gefetteten Blech backen und noch heiß mit Zuckerglasur bepinseln.

Backhitze: 200 Grad · *Backzeit:* ca. 25 Minuten

Nikolausmännchen

Diese Figur wird in fast jedem Land, in dem man Weihnachten mit Kindern feiert, gebacken. Die beliebten Männchen werden nicht nur aus Lebkuchenteig hergestellt, sondern auch aus Hefeteig. Bereiten Sie wie üblich (siehe Seite 55) einen Hefeteig aus folgenden Zutaten:

300 g Mehl · 20 g Hfe · ⅛ l lauwarme Milch
40 g Zucker · 30 g Butter · 1 Ei · 1 Prise Salz
abgeriebene Schale von ½ ungespritzten Zitrone

Den aufgegangenen Teig rollen Sie auf einem bemehlten Brett nicht zu dünn aus. Nach einer Schablone schneiden Sie die Weihnachtsmänner aus, legen sie auf ein gefettetes Backblech, bestreichen sie mit Eigelb und lassen sie nochmals gehen. Dann werden sie bei 200 Grad im vorgeheizten Rohr goldbraun gebacken. Wenn sie erkaltet sind, verzieren Sie die Männchen ganz nach Ihrem Wunsch. Sie brauchen dazu eine Eiweißglasur, mit der Sie Mütze, Bart, Augen und Schnurrbart spritzen. In die weißen Augen drücken Sie eine kleine schwarze Zuckerkugel, Nase und Mund schneiden Sie aus einer roten, kandierten Kirsche. Zur weiteren Verzierung dienen geschälte, halbierte Mandeln, Haselnüsse, Rosinen, Schokoladenplätzchen u. a. mehr.

Stutenkerl

Im Sauerland und im Rheinland gehört zur Advents- und Weihnachtszeit der ›Stutenkerl‹. Wenn der Nikolaus am 6. Dezember das Weihnachtsfest ankündet, ist dieses Kuchenmännchen in allen Bäckereien zu haben und wird von den Kindern sehr geliebt. Der Stutenkerl — er wird aus einfachem Hefeteig zubereitet — vergräbt die Hände in den Hosentaschen, er hat Augen und Knöpfe aus Korinthen, und im Mund steckt eine Tonpfeife, die in den ganzen Rumpf mit eingebacken ist.

»Hänsel und Gretel«
(Foto rechts)

HEFETEIG FÜR 4 FIGUREN:
1 kg Mehl · 60 g Hefe · 160 g Zucker · ¼ TL Salz
160 g Butter · ⅛ l Milch · 6 Eigelb · 4 Eigelb zum Bestreichen
50 g Korinthen · 50 g Pinienkerne
4 Mandeln ohne Haut · 2 Walnüsse · Zuckerguß

Das Mehl auf die Arbeitsfläche schütten und in die Mitte eine Mulde drücken. Die Hefe in die Mulde krümeln. Etwas Zucker über die Hefe streuen, restlichen Zucker, Salz und weiche Butterflöckchen auf dem Mehlrand verteilen. Die Milch leicht erwärmen und über die Hefe gießen. Die Hefe darin auflösen. Die Eigelb dazugeben und alle Zutaten von der Mitte aus zu einem glatten Teig verkneten. Der Teig wird ziemlich fest. Den Teig mit etwas Mehl bestäuben, zudecken und an einem warmen Ort gehen lassen, bis er sein Volumen verdoppelt hat (ca. 25—30 Minuten).

In der Zwischenzeit die Figuren auf dünne Pappe aufzeichnen und die Pappe ausschneiden.

Den gegangenen Teig auf der bemehlten Arbeitsfläche einmal durchkneten, dann in vier gleich große Stücke teilen. Aus jedem Stück wird eine Figur geformt. Mit einer Kugel beginnen, die anderen Teigkugeln in den Kühlschrank legen, damit sie kühl und fest bleiben.

Die Teigkugeln auf ca. 1 cm Dicke ausrollen. Das Backblech mit Backtrennpapier auslegen. Die Schablonen auf den Teig legen und die Figuren mit einem kleinen scharfen Messer ausschneiden. Auf das Blech legen und mit Eigelb bestreichen. Mit Pinienkernen, Korinthen, Nüssen und Zuckerguß verzieren. Im vorgeheizten Ofen backen. Evtl. abdecken. Etwas auskühlen lassen, vorsichtig vom Blech nehmen und auf einem Kuchengitter ganz auskühlen lassen.

Backhitze: 200 Grad · *Backzeit:* 12—15 Minuten

»Hänsel und Gretel«, Spritzgebäck, Spekulatiusbrezeln
(Rezepte S. 300, 130, 77)

Wir basteln einen Zwetschgenmann

Dazu brauchen Sie:

Für den Körper 5—6 Feigen, für den Kopf eine große Walnuß, für Arme, Beine und Füße 12 entkernte, getrocknete Zwetschgen oder Pflaumen, etwa 60 cm Draht, eine kleine runde oder eckige Holzscheibe zum Aufstellen mit 2 Löchern, damit man den Draht durchziehen kann — zum Bekleiden kleine bunte Stoffreste, Bänder, kleine Knöpfchen, Regenschirm, Spazierstock, Flasche, Körbchen usw. Als Kopfschmuck buntes Garn für Haare, Kopftuch, kleine Hüte. Der Zwetschgenmann kann selbstverständlich auch eine Zwetschgenfrau oder Zwetschgenkind sein. Ihrer Fantasie können Sie freien Lauf lassen!

Durch die Feigen ziehen Sie Draht, höhlen die Walnuß etwas aus und befestigen darin den Draht und ziehen ihn nochmals durch die Feigen durch, so daß Sie am unteren Ende 2 Drähte haben. Auf jeden Draht ziehen Sie 4 Zwetschgen, biegen den untersten als Fuß, und die Drahtenden stecken Sie durch die Löcher der Holzscheibe. Um die Enden des Drahtes zu befestigen, stecken Sie diese in dem gegenüberliegenden Loch wieder nach oben zurück und befestigen damit die Füße. Zwischen der Walnuß und der oberen Feige ziehen Sie ein Stück Draht quer ein, stecken auf jeder Seite 2 Zwetschgen als Arme daran. Das Drahtende biegen Sie als Hand und geben in jede Hand einen Gegenstand: Blumensträußchen, Spazierstock, Körbchen usw. Auf die eine Walnußhälfte malen Sie ein lustiges Gesicht, die andere Hälfte bedecken Sie mit Haaren, Kopftuch oder Hut. Dann bekleiden Sie die Zwetschgenfigur nach Wunsch.

Adventsherz und Adventskekse

(Foto Seite 319)

FÜR 1 HERZ UND 24 KEKSE:
1 kg Mehl · 4 Eigelb · 250 g Zucker · 500 g Butter
ZUR DEKORATION DES ADVENTSHERZENS:
250 g Puderzucker · 1 Eiweiß
1–2 TL Zitronensaft · rote Lebensmittelfarbe
ZUM BESTREUEN:
Liebesperlen
ZUR DEKORATION DER KEKSE:
250 g Puderzucker · 1 Eiweiß · 1–2 TL Zitronensaft
Lebensmittelfarbe
ZUM BESTREUEN:
bunte Zuckerstreusel und Liebesperlen

Mehl auf die Arbeitsfläche schütten, in die Mitte eine Mulde drücken. Eigelb und Zucker hineingeben. Butterflöckchen auf den Rand setzen. Alles zu einem glatten Teig verkneten. 1 Stunde kühl stellen.

Teig auf einem Backbrett oder Backtrennpapier 2 cm dick ausrollen, 20 Minuten kühl stellen. In Blechgröße eine Herzschablone ausschneiden, mit Zahnstochern auf der Teigplatte feststecken, das Herz ausschneiden. Den restlichen Teig zusammenkneten und für die Kekse kühl stellen.

Zum Aufhängen ein Loch in das Herz stechen. Bei 175 Grad im vorgeheizten Ofen 40–50 Minuten backen. Auf einem Kuchengitter auskühlen lassen.

Puderzucker mit Eiweiß und Zitronensaft verrühren. 4 EL in einer mit einem feuchten Tuch abgedeckten Tasse beiseite stellen. Restlichen Zuckerguß rosa färben, das Herz rundherum einstreichen, mit Liebesperlen bestreuen. Restlichen weißen Zuckerguß in ein Pergamenttütchen füllen, das Herz verzieren.

Für die Kekse den restlichen Teig noch einmal durchkneten und auf einer bemehlten Arbeitsfläche ausrollen.

Insgesamt 24 Herzen und Sterne ausstechen, in der Mitte jeweils ein Loch ausstechen. Auf ein mit Backtrennpapier belegtes Blech setzen und im vorgeheizten Ofen bei 175 Grad ca. 10 Minuten backen.

Puderzucker mit Eiweiß und Zitronensaft verrühren, nach Geschmack mit Lebensmittelfarbe färben. Die Kekse mit einem Pinsel bestreichen, mit Zuckerstreusel und Liebesperlen bestreuen. Jeden Keks mit einer Schleife schmücken und an einem Band aufhängen.

Glasuren für
die Weihnachtsbäckerei

Eiweißglasur

1 Eiweiß · 200 g gesiebter Puderzucker

1 EL Zitronensaft

Eiweiß zu steifem Schnee schlagen, Zitronensaft beigeben, den Zucker einrieseln lassen und so lange weiterschlagen, bis eine feste Masse entsteht. Das Gebäck damit bestreichen oder auch darin eintauchen und zum Trocknen in das warme Rohr stellen.

Einfache Zuckerglasur

250 g gesiebter Puderzucker · 2–3 EL heißes Wasser

Puderzucker mit dem heißen Wasser 10 Minuten rühren und das heiße Gebäck damit glasieren.

Schokoladenglasur

200 g Blockschokolade · 6 EL warmes Wasser

Die Schokolade in Stücke brechen, mit 1 EL Wasser an der Herdseite erweichen lassen, glattrühren und das restliche Wasser zugeben. Die Masse muß dick sein. Das Gebäck schnell glasieren.

Spritzglasur

½ Eiweiß · 80—100 g gesiebter Puderzucker

einige Tropfen Zitronensaft

Zu dem Puderzucker das Eiweiß und den Zitronensaft geben und so lange rühren, bis ein Faden vom Löffel fällt und glänzend ist. In eine Zuckerspritze oder kleine Papiertüte füllen und das Gebäck damit verzieren.
Nach Wunsch kann diese Glasur auch mit etwas Kakao oder Speisefarbe gefärbt werden.

Rote Glasur

250 g gesiebter Puderzucker

2—3 EL Himbeer-, Erdbeer- oder Johannisbeersaft

Zubereitung wie einfache Zuckerglasur.

Zitronen- oder Orangenglasur

250 g gesiebter Puderzucker

2—3 EL Zitronen- oder Orangensaft

nach Wunsch noch etwas abgeriebene Zitronen- oder Orangenschale

Zubereitung wie einfache Zuckerglasur.

Arrak- oder Rumglasur

250 g gesiebter Puderzucker · 1 EL heißes Wasser

2 EL Arrak oder Rum

Puderzucker erst mit heißem Wasser verrühren, dann Arrak oder Rum beigeben und die Glasur noch einige Minuten weiterrühren.

Früchteglasur

200 g Puderzucker · 1 Eiweiß

1 EL flüssige Marmelade

Alle Zutaten so lange rühren, bis die Glasur die gewünschte Beschaffenheit hat.

Mokkaglasur

250 g gesiebter Puderzucker

*3 EL heißes Wasser, 2 TL Instantkaffeepulver
oder 250 g gesiebter Puderzucker*

3 EL heißer starker Kaffee

Zubereitung wie einfache Zuckerglasur.

Mandelglasur

250 g Puderzucker · 3 Tropfen Bittermandelöl
2–3 EL heißes Wasser

Zubereitung wie einfach Zuckerglasur.

Vanilleglasur

250 g gesiebter Puderzucker · das Mark von ½ Vanilleschote
2 EL heißes, 1–2 EL kaltes Wasser

Unter den Puderzucker das Vanillemark mischen, erst mit dem heißen, dann mit dem kalten Wasser zu einer glänzenden Glasur verrühren.

Kakaoglasur

250 g gesiebter Puderzucker · 3 gestrichene EL Kakao
3 EL heißes Wasser · 25 g flüssiges, heißes Kokosfett

Puderzucker und Kakao vermischen, mit heißem Wasser und dem Kokosfett gut verrühren.

Die Aufbewahrung des Weihnachtsgebäcks

Da wir schon viele Wochen vor dem Weihnachtsfest mit verschiedenen Honig- und Lebkuchen zu backen, beginnen, müssen wir die fertigen Backwaren auch richtig lagern, damit sie zu den Festtagen ihr Aroma und die gewünschte Beschaffenheit erreicht haben. Diese harten und knusprigen Süßigkeiten bewahren wir in gut schließenden Blechdosen auf. Einige Tage vor Gebrauch öffnen wir die Deckel der Büchsen und stellen sie an einen feuchten Platz, wenn das Gebäck weich werden soll. Buttergebäcke bereiten wir frühestens 14 Tage vor dem Fest und lagern sie in Steingut- oder Porzellangefäßen mit Deckel. Zartes Schaumgebäck und Makronen backen wir erst kurz vor Weihnachten und legen sie vorsichtig in besonders fest schließende Blechdosen.

Das Läutern des Zuckers

Das Reinigen, wie eigentlich diese Bezeichnung sagt, brauchen wir heute für unseren Zucker nicht mehr. Je nach Verwendung, für Glasuren, zum Kandieren von Früchten, zum Einkochen u. ä. verwenden wir flüssigen Zucker, der in verschiedenen Stufen gekocht wird.

Man stellt 500 g Zucker mit ¼ l Wasser auf das Feuer — bei Verwendung von Puderzucker fällt das Wasser weg — und bringt ihn zum Kochen. Nach einigen Minuten Kochzeit verändert sich der Zucker, und wir können nacheinander verschiedene Grade unterscheiden:

1. Grad,
auch Breitlauf oder große Perle genannt, fällt breit vom Löffel. Beim Weiterkochen entsteht der

2. Grad
oder kleine Perle, die Tropfen sind klein und hängen an einem Faden. Beim Weiterkochen bildet sich der

3. Grad,
der sogenannte ›Faden‹. Nimmt man zwischen Daumen und Zeigefinger etwas von der Zuckermasse, so entsteht beim Auseinanderziehen ein Faden. Nach einigen wenigen Minuten Kochzeit bildet sich der

4. Grad,
der ›Flug‹. Er ist daran erkenntlich, daß sich von einer Drahtschlinge, die man in den Zucker getaucht hat, kleine Blasen wegblasen lassen. Mit Geschmackszutaten vermischt, gibt dies die Fondantmasse. Weitere 2 Minuten Kochzeit ergibt den

5. Grad,

›Kettenflug‹ oder ›gesponnener Zucker‹ genannt. Es bilden sich große Blasen. Nach weiteren 2 Minuten Kochzeit entsteht der

6. Grad,

der ›Bruch‹, der bei Konditorarbeiten Verwendung findet. Danach nimmt der Zucker eine hellgelbe Farbe an und wird schnell zu Karamel. Man darf ihn nicht zu dunkel werden lassen, sonst wird er bitter und verbrennt.

Backwaren
aus dem
Tiefkühlgerät

In Bäckereien, Konditoreien und anderen Großbetrieben bewährt sich die Methode der Haltbarmachung durch Tiefkühlung von rohen Teigen und fertigen Backwaren schon lange Zeit. In Privathaushalten hat sie sich noch nicht so durchgesetzt. Doch auch hier gibt es öfter besondere Gelegenheiten und Anlässe, die Tiefkühltruhe für diesen Zweck zu nutzen. Es lassen sich ohne weiteres rohe Teige einfrieren, doch noch besser und zweckmäßiger ist das Einfrieren der fertigen Gebäcke. Wenn ein Familienfest vor der Türe steht oder wenn das geplante Gartenfest ins Wasser fällt, dann kann man das vorbereitete Gebäck für einige Zeit durch Einfrieren bis zum Verbrauch haltbar machen. Kleingebäck aus Hefe-, Rühr-, Mürbe-, Biskuit- und Blätterteig ist dafür geeignet. Das Gebäck sollte so frisch wie möglich eingefroren werden, es kann sogar noch warm sein. So eingefroren, schmeckt es nach dem Auftauen vorzüglich. Glasiertes Gebäck ist ungeeignet, das Glasieren sollte erst nach dem Auftauen geschehen. Sollte es aber wirklich einmal notwendig sein, Backwerk mit Glasur einfrieren zu müssen, dann ist zu empfehlen, es in einem geschlossenen Behälter aufzutauen. Anderenfalls ist die Glasur nicht mehr glänzend. Gebäck mit Buttercremeverzierungen muß erst unverpackt eingefroren, dann verpackt und gelagert werden.

Rohe Teige packt man gleich nach der Zubereitung in Folie, Spezialschläuche oder Spezialbeutel. Ebenso verpackt man die *fertigen Bäckereien,* oder man gibt sie in Plastikbehälter. Für dieses Backwerk ist Alufolie besonders gut geeignet. Es kann darin aufgetaut werden, und die Folie verhindert zu starkes Austrocknen.

Auftauen von rohen Teigen:

Bei Hefeteig und Rührteig geschieht dies bei 20 Grad Celsius. Sollte Hefeteig vor dem Eingefrieren nicht gegangen sein, so muß dies noch vor dem Backen geschehen. Blätterteig taut man im Kühlschrank oder bei Zimmertemperatur nur so weit an, daß man ihn ausrollen kann. Das Auftauen von Mürbeteig und Honigkuchenteig geschieht bei 20 Grad Celsius und dauert etwa drei Stunden. Dann stellt man ihn 15 Minuten kühl und verwendet ihn weiter zur Bereitung von Kleingebäck.

Auftauen von fertigem Kleingebäck:

Hefekleingebäck, Kleingebäck aus Mürbe-, Backpulver- und Quarkblätterteig taut man bei Zimmertemperatur auf, oder man bäckt es anschließend noch, bei 160 Grad, in Alufolie verpackt auf. Besonders Hefeteig und Quarkblätterteig bekommt dadurch einen besseren Geschmack. Es ist wie frisch gebacken. Mürbeteig wird durch kurzes Nachbacken noch knuspriger. Kleingebäck aus Blätterteig oder Biskuit gibt man gefroren und unverpackt 5 Minuten bei 160 Grad in die Backröhre. Man kann es auch bei 20 Grad Zimmertemperatur auftauen.

Gezuckerte Fettgebäcke kann man nur bei Zimmertemperatur auftauen, ungezuckerte auch in der Backröhre.

Register nach Kapiteln geordnet

MAKRONEN

Adventsherz und Adventskekse (Rezept S. 303)

WEIHNACHTSTORTEN UND WEIHNACHTSKUCHEN

WAFFELN

SCHMALZGEBACKENES

MARZIPAN ZUM SELBERMACHEN

DIABETIKER-GEBÄCK

SELBSTGEBASTELTE LECKEREIEN

Alphabetisches Register

N